AF475728

INTRODUCTION.

Pour porter un jugement éclairé sur la révolution qui vient de bouleverser la France, il faut consulter le code du droit politique. Si elle est conforme aux règles que ce code établit, elle est juste: tous les citoyens doivent l'embrasser de concert. Si elle les enfreint, elle est injuste: tous les citoyens doivent dire comme Cicéron, *ce qui est injuste ne peut être utile.*

Je vais donc, non pas discuter la constitution de l'empire françois, mais rechercher les principes généraux du droit politique; principes dont la découverte offriroit peu de difficultés, si la multitude, l'ignorance, la partialité des auteurs n'eussent pas répandu sur cette matière, des tenèbres épaisses & de nombreuses contradictions.

Les uns n'avoient aucune notion de la société civile, de la souveraineté, du gouvernement; les autres, emportés ou par l'esprit de parti, ou par l'esprit de systême, se sont jettés dans toutes sortes d'écarts & d'excès. Ils ont imaginé cent opinions contraires sur la nature & l'origine, sur les caractères & les droits du pouvoir ſouverain. Tantôt partiſans aveugles de l'autorité royale, ils lui donnent une étendue immodérée; tantôt vils adulateurs du peuple, ils l'excitent à la rébellion, ſous le ſpécieux prétexte d'une liberté chimérique. Toutes les formes de gouvernement trouvent parmi eux, des apôtres & des cenſeurs; puis, quand ils veulent définir le gouvernement & ſes différentes eſpèces, ils ne s'entendent plus.

Grotius, plus fécond en citations qu'en raiſonnemens, recule trop loin les bornes de l'autorité royale. *Barclay*, qui ne s'eſt pas garanti de ces défauts, a mal connu les principes conſtitutifs de la monarchie françoiſe. *Puffendorf*, plus méthodique & moins exceſſif, a rectifié quelques-uns des principes de *Grotius*; mais obſcur dans ſes définitions, diffus dans ſes raiſonnemens, plein de choſes vagues, il embarraſſe ſes lecteurs plus qu'il ne les inſtruit. *Hobbes* & l'auteur anonyme des Eſſais sur le gouvernement civil, transforment tous les rois en deſpotes, à force de leur attribuer une puiſſance ſans fin. Le baron de *Wolf*, eſtimable à beaucoup d'égards, fait du deſpotiſme un légitime gouvernement. *Locke* & *Sydney*, l'un & l'autre, et le second ſur-tout, partiſans de *Cromwel*, attachés à l'armée du parlement, & républicains outrés, n'ont ſu faire aucune diſférence entre la légitime autorité des rois & le tyrannique pouvoir des despotes. C'est encore un problême de savoir si *Machiavel* a dit ce qu'il pensoit, ou n'a cherché qu'à rendre odieuse la puissance des princes souverains. Parmi les auteurs étrangers, je n'en connois point de plus judicieux que *Barbeyrac*, *Vatel*, & *Burlamaqui;* on doit regreter que le premier n'ait fait que des notes, & que les deux autres n'ayent pas traité les grandes questions qu'on agite aujourd'hui.

Quant aux François, ils ont dédaigné longtemps la science politique. Mais dans ce siècle, que notre orgueil a nommé *le siècle de la philosophie*, & que la postérité nommera peut-être le siècle des erreurs, de la corruption & du désordre, la plupart des écrivains ont eu la manie de s'ériger en réformateurs des empires; & certes, ils ont porté l'abus du raisonnement, la hardiesse des opinions, l'esprit de révolte, à un excès dont les siècles précédens n'avoient point vu d'exemples.

L'abbé de *Mably* perpétueroit, dans les états, le trouble & l'anarchie, si son traité *des Droits & des Devoirs du citoyen* vénoit malheureusement à former la doctrine des peuples. On ne peut lire, sans horreurs, les maximes éparses dans *le système social*, dans le *dictionnaire philosophique*, dans le *livre de l'esprit*, dans le *système de la nature*, dans le traité de *l'homme & de son éducation*, dans *l'histoire philosophique & politique*, &c, &c. Si nous en croyons les auteurs de ces pernicieux ouvrages; « la re- » ligion n'a fait que se rendre complice de la » tyrannie & de tous ses excès. . . Loin de » mettre un frein aux passions des princes, elle » n'a fait que leur donner un essor illimité. . . . » L'ignorance, la crainte, le hasard, la supers- » tition, la stupidité des peuples ont présidé, » jusqu'à nous, à l'établissement des gouver- » nemens, ainsi qu'à leurs réformes. . . . Cette » indépendance, qui ne sauroit souffrir de su- » périeurs, est l'instinct même de la nature » éclairée par la raison. . . . Les rois ne sont » autre chose que les premiers commis de leur » nation, les premiers domestiques de leurs » peuples, des bêtes féroces qui les dévorent, » & leurs premiers bourreaux ». Et le siècle où de tels blasphêmes sont accrédités, seroit le siècle des lumières!

Les considérations sur le gouvernement de Pologne, plusieurs lettres de la *Montagne*, le jugement sur la paix perpétuelle & sur la polysinodie de l'abbé de Saint-Pierre, la dédicace du discours sur l'inégalité des conditions, renferment des vérités sublimes, des préceptes ſages, d'admirables leçons. Mais on a négligé les principes pratiques de Rouſſeau, pour s'attacher à la théorie du *Contrat-Social*. On a regardé comme le chef-d'œuvre de la ſageſſe, les jeux d'une imagination qui ſe donnoit carrière. des paradoxes deſtructeurs de toute ſociété, ont été pris pour des vérités éternelles, parce qu'ils favoriſent l'indépendance; & ce livre, que Voltaire appeloit le *Contrat-Inſocial*, a tout perdu (1).

En un mot, l'eſprit ſyſtématique & républicain, le fanatiſme de la liberté, la fureur de contredire les opinions reçues, ont égaré nos nouveaux philoſophes à chaque pas qu'ils ont fait dans la carrière politique. Ils conſidèrent les hommes, non pas tels qu'ils ſont, mais tels que leur imagination les repréſente. Ils veulent gouverner les nations modernes à la manière des Grecs ou des Romains. Ils prennent le peuple pour une multitude de Socrates, éclairée par leurs leçons, devenue ſage par leur doctrine. Ils remontent à l'époque où le genre-humain ſortit du néant; puis, renverſant tout ce qui

(1) Je ne parle pas de l'*Esprit des Loix*. Cet ouvrage immortel est d'un ordre bien supérieur à tous les traités du droit politique. Il suppose les gouvernemens établis, puis, instruit ceux qui gouvernent dans le grand art de la législation.

s'eſt fait dès-lors, ils bâtiſſent, à l'exemple de Platon, des républiques imaginaires, qui ne peuvent convenir ni aux hommes, ni aux choſes.

Il faut donc, pour trouver une route sûre, marcher entre deux écueils; je tâcherai de les éviter l'un & l'autre. Sans épouſer aucun ſyſtême, aucun parti, je ſuivrai, je combattrai, tour à tour, tous les partis & tous les ſyſtêmes, ſelon qu'ils me paroîtront juſtes ou déraiſonnables; & je chercherai les principes, moins dans les livres qui les ont défigurés, que dans la droite raiſon, qui ne trompe jamais. Que ne puis-je, en rappelant aux princes, ainſi qu'aux peuples, leurs droits & leurs devoirs, apprendre aux uns qu'ils ne règnent que pour le bonheur de leurs ſujets, & convaincre les autres qu'ils ne peuvent être heureux que par l'obéiſſance aux loix, le reſpect & la ſoumiſſion envers ceux qui gouvernent!

Je ſais que, pour traiter dignement cette importante matière, il me faudroit des connoiſſances plus vaſtes, un génie plus profond, une plume plus exercée. Je vois, d'ailleurs, dans la carrière qui s'ouvre devant moi, de célèbres écrivains à combattre. Mais la juſtice & la raiſon me prêteront leurs armes, & je ſerai content de moi, ſi mon exemple engage de meilleurs athlètes à s'en ſervir avec plus de ſuccès.

Fin de l'introduction.

ÉLÉMENS DU DROIT POLITIQUE.

LIVRE PREMIER.

CHAPITRE PREMIER.

SUJET DE CE LIVRE.

JE dirai d'abord ce que c'est que le droit politique; ensuite je jetterai les yeux sur la société civile, sur les différentes espèces de pouvoirs nécessaires à sa conservation, sur le lien qui la forme & les effets qu'elle produit: car les sociétés civiles étant l'objet du droit politique, il faut connoître la nature des unes, avant que d'examiner les principes de l'autre.

CHAPITRE II.

DU DROIT POLITIQUE.

PAR le droit en général, j'entends les règles qui apprennent ce qui est juste & bon; & ces règles sont différentes, selon les différens rapports sous lesquels les hommes peuvent être envisagés.

Celles que la droite raison prescrit, appliquées aux individus, forment le droit de la nature; appliquées aux nations, forment le droit des gens.

Mais les hommes vivent en société, &, sous ce point de vue, ils presentent d'autres rapports; il leur faut d'autres loix.

Considérés dans la liaison mutuelle qui unit les citoyens entr'eux, ils ont des droits à exercer les uns contre les autres, des obligations à remplir les uns envers les autres; ils ont des loix qui règlent la nature & les effets de ces droits, de ces obligations; voilà le droit civil qui se divise en droit public & en droit privé, suivant qu'il a pour principal objet, ou le bien du corps en général, ou l'avantage des membres en particulier.

En les envisageant comme membres de la société civile, on apperçoit d'une part, des sujets, d'autre part, un souverain. Il existe des rapports mutuels entr'eux & lui ; il existe des loix qui déterminent ces rapports : voilà le droit politique.

Le droit politique est donc celui qui concerne la constitution des états, l'autorité des souverains, les droits & les devoirs des sujets.

CHAPITRE III.

De l'origine des sociétés civiles.

NOUS avons appris à connoître les sociétés civiles par l'habitude de les voir. La réunion de plusieurs individus, associés pour travailler, de concert, à leur prospérité commune : voilà ce qui les forme. Elles sont un corps moral qui ne tombe pas sous les sens, mais que l'entendement conçoit sans peine, & qui, semblable aux corps physiques, jouit de la volonté & de la force, de la vie & du mouvement.

Quelle en a été l'origine? Quelles en ont été les causes? Depuis long-temps les philosophes cherchent la solution de ce problême.

Avant l'établissement des empires, la loi naturelle, plus foible que les passions, étoit incapable d'établir, parmi les hommes, la justice, la bienfaisance & la paix. Soit que dispersés dans les bois, ils jouissent d'une indépendance absolue, ou que réunis en famille, les enfans d'un même père vécussent sous son autorité, l'expérience leur apprit d'abord qu'ils n'avoient pas assez de leur industrie personnelle, pour se procurer les besoins & les commodités de la vie; que d'ailleurs, leur force particulière suffisoit encore moins pour résister aux attaques d'un individu plus puissant, ou d'une famille plus nombreuse. Ils découvrirent ensuite, par le secours de la réflexion, que la réunion de plusieurs familles, ou d'une multitude d'individus, ajouteroit à la force, à l'industrie de chacun, l'industrie & la force de tous les autres. Les premiers qui formèrent cette utile association, rendirent nécessaire à leurs voisins une association pareille: ceux-ci en donnèrent l'exemple à d'autres, qui, pour leur sûreté propre, furent contraints de l'imiter. Ainsi s'établirent, autant qu'il est permis de le conjecturer, les sociétés civiles, grossières dans les commencemens, perfectionnées dans la suite.

C'est du moins une vérité certaine, & cette vérité nous suffit, que les hommes existèrent avant les sociétés, & que les sociétés furent établies pour l'avantage réciproque des membres qui les composent. Excellente institution, que les misanthropes ont censurée comme contraire à la nature, mais que le sage admireroit comme le chef-d'œuvre de la raison, quand il n'y reconnoîtroit pas l'ordre de la Providence!

CHAPITRE IV.

Du pouvoir législatif & de la loi.

CETTE institution toutefois, seroit devenue une nouvelle source de troubles & de désordres, si, dans l'état de société comme dans l'état de nature, les hommes n'avoient eu d'autres guides que la passion de l'indépendance, les déréglemens de l'amour-propre ou l'impulsion du caprice. Il falloit donc des règles qui prescrivissent à tous, ce que chacun devoit ſaire pour l'utilité commune : c'eſt-à-dire ; qu'il falloit des loix, & une puiſſance établie pour les dicter.

Selon les nouveaux politiques, *la loi eſt l'expreſſion de la volonté générale.* On ne pouvoit rien imaginer de plus vague, de plus obſcur, de plus inintelligible. Queſt-ce donc que la volonté générale ? A quel ſigne peut-on la reconnoître ? Comment doit-elle ſe former ? Quel en eſt l'organe ? Quand on aura réſolu tous ces problêmes, je ne ſaurai pas encore ce que c'eſt que la loi. Je n'aurai aucune idée ni de ſa nature, ni de ſon objet. Faut-il s'étonner que cette définition myſtérieuſe, ait jetté dans une foule d'inconſéquences, de contradictions, & Rouſſeau, qui en eſt l'inventeur, & les métaphyſiciens qui l'ont commentée, & les légiſlateurs qui l'ont ſuivie. Les anciens diſoient avec raiſon que la loi eſt *une règle preſcrite par l'autorité ſouveraine, pour diriger les actions des citoyens vers le bien général de la ſociété.* Je vois, dans cette définition, la nature de la loi, celui qui a le droit de la porter, ceux qui y ſont ſoumis, le but qu'elle ſe propoſe.

Le premier caractère des loix, eſt d'être générales dans leur objet. Puiſqu'elles ont en vue le bien de la société, elles doivent donc considérer le corps des citoyens, & non pas les individus; *les actions comme abstraites*, dit Rousseau, & *non pas les actions particulières*.

Leur second caractère, est d'être honnêtes & justes. Comment feroient-elles règner parmi les hommes la justice & l'honnêteté, si elles étoient elles-mêmes contraires à l'honnêteté & à la justice ?

Leur troisième caractère, est d'être accommodées au génie de la nation, à qui on les donne; autrement, il seroit impossible de les observer, & il eût mieux valu ne les pas faire.

Il faut d'ailleurs qu'elles soient publiées: on ne peut être contraint d'obéir à des loix inconnues. Mais faut-il encore qu'elles soient acceptées par les sujets, lorsqu'elles ne sont pas faites par la nation elle-même ? C'est proposer deux autres questions, savoir si la puissance législative peut s'aliéner, ou si elle est inaliénable, & si le pouvoir souverain, que la nation remet au monarque, peut quelquefois être absolu, ou doit toujours être limité: questions que je discuterai dans les livres suivans.

CHAPITRE V.

Des autres pouvoirs nécessaires pour le maintien de la société.

MAIS à quoi serviroient les loix, si elles pouvoient être impunément violées? les laisser sans force, c'est en inspirer le mépris, & la corruption des moeurs résulte nécessairement du mépris des loix. Il falloit donc, après les avoir faites, pourvoir à leur exécution, & établir une puissance qui forçât de les observer, ceux que leurs passions porteroient à les enfreindre.

Un tel acte est-il conforme ou contraire à la loi? Cette question doit se présenter à chaque instant. En vain la loi est claire; il est très-souvent difficile de l'adapter aux circonstances particulières du fait. Il faut donc un pouvoir pour terminer les différends qui s'élèvent sur l'application de la loi.

Ces trois pouvoirs dont l'un fait la loi, l'autre

l'autre la fait exécuter, le troisieme l'applique, suffisent pour la sûreté des citoyens entr'eux. Mais il faut encore veiller à la sûreté de la nation, contre les entreprises des nations voisines. Il faut donc un pouvoir qui accroisse par des alliances, la force de l'état, qui déclare la guerre lorsque les circonstances l'exigent, qui fasse la paix, lorsque la guerre doit cesser.

D'ailleurs, on ne peut administrer les affaires publiques, sans des dépenses proportionnées à leur étendue. Il faut donc un pouvoir qui prenne une partie du domaine des citoyens, pour en former le domaine de l'état, ou qui établisse des impôts & des subsides.

Il en est un autre encore non moins essentiel pour le bon ordre de la société : celui de veiller sur la doctrine publique, & sur l'usage de la presse. La doctrine publique épure ou corrompt les mœurs dans leurs sources ; le gouvernement ne doit donc pas la regarder avec indifférence. La presse répand l'opinion ; l'opinion exerce un empire absolu sur la jeunesse irréfléchie, sur le vulgaire ignorant ; souvent même elle entraîne l'âge mur & le philosophe profond. Il n'est donc pas possible de donner également un libre cours aux écrits religieux ou impies, honnêtes ou licencieux ; aux écrits qui engagent à la soumission ou prêchent la révolte ; qui portent au vice, ou inspirent la vertu. Avec une licence effrénée de tout écrire, quelle autorité sera permanente ? quel peuple conservera le respect pour la religion & la pûreté des moeurs ?

Je sais que la tyrannie la plus dure est celle qui veut asservir jusqu'à la pensée, & que la liberté fuit les états où l'opinion est esclave. Mais le bien & le mal, l'usage & l'abus se touchent de près. Il faut respecter les mœurs, sans lesquelles on n'aura jamais de bons citoyens ; le gouvernement, sans lequel on n'aura jamais de société civile ; la religion, enfin, sans laquelle on n'aura jamais ni un bon gouvernement, ni de bonnes mœurs.

CHAPITRE VI.

Que tous ces pouvoirs peuvent se rapporter à deux pouvoirs généraux.

CES différens pouvoirs, dont les deux chapitres précédens renferment l'énumération, peuvent se rapporter à deux pouvoirs généraux, dont tous les autres ne sont que des attributs : savoir, la puissance législative, & la puissance exécutive : l'une & l'autre renferment le *pouvoir de confédération* que *Locke* y ajoute, & le *pouvoir judiciaire* dont M. *de Montesquieu* fait une classe séparée.

Lorsque la puissance législative & la puissance exécutive sont réunies, il est moins important de distinguer la nature propre de l'une & de l'autre : cette distinction est essentielle, lorsqu'elles sont séparées, parce qu'alors chacune d'elles doit connoître ses fonctions ; tout ce qui concerne la législation est du ressort de la premiere ; tout ce qui concerne l'exécution, forme le district de la seconde. Ainsi, c'est au pouvoir législatif à organiser le pouvoir judiciaire ; mais son exercice appartient au pouvoir exécutif ; l'un détermine la maniere dont la justice sera rendue ; l'autre la rend lui-même, ou la fait rendre par ses lieutenans. Il est clair, en effet, que l'application de la loi est inséparable de son exécution ; car la loi ne peut s'exécuter sans qu'on l'applique. Le pouvoir judiciaire ne forme donc pas une troisième classe ; il n'est qu'une branche du pouvoir exécutif.

Que doit-on penser du droit d'établir les impôts, de déclarer la guerre, de faire la paix, de contracter des alliances ? *M. de Montesquieu* l'accorde au pouvoir exécutif, & n'en dit aucune raison. M. *Rousseau* l'attribue de même au pouvoir exécutif, « *par la raison*, dit-il, *que chacun de ces actes n'est point une loi, mais seulement une application de la loi* ».

En effet, la premiere de toutes les loix, la loi suprême, veut que l'état soit gouverné, que l'état soit défendu ; le soin de le défendre & de le gouverner est donc, non-seulement le premier des droits, mais le premier des devoirs de la puissance exécutive. Et comment le gouverner ? Comment le défendre sans des impôts, sans des alliances & des guerres ? Ainsi les déclarations de guerre, les traités de paix, les contrats d'alliance, l'établissement même des impôts, sont moins des loix nouvelles, que des proclamations conformes aux loix préexistantes.

Mais, quoique ces actes tiennent, par leur nature, au pouvoir exécutif, une nation qui se constitue, peut néanmoins les en détacher, pour les réunir à la puissance législative; & lorsque telle a été, dans le principe, la division des pouvoirs, ils ont chacun leurs fonctions distinctes, par rapport à la paix & à la guerre, aux alliances & aux impôts; le pouvoir législatif établit les impôts; le pouvoir exécutif les perçoit; l'un déclare la guerre; l'autre la fait. Celui-là conclut la paix; celui-ci licencie l'armée; le premier contracte les alliances; le second veille à leur observation; mais, que ceux qui sont appellés à l'auguste fonction de créer les empires, ou de leur donner une nouvelle forme, examinent attentivement, s'il est sage de démembrer la puissance qui exécute, pour enrichir de ses attributs la puissance qui ordonne.

CHAPITRE VII.

Du Contrat Social.

Le lien de la société, le fondement de la puissance souveraine, la clef du droit politique, c'est le contrat social : par lui, l'on résout tous les problêmes de l'état civil ; par lui, l'on connoît les droits & les devoirs des citoyens envers la patrie, & de la patrie envers les citoyens.

Dans l'état de nature, les hommes ne sont point tenus de veiller à leur conservation réciproque ; & nul d'entr'eux ne peut exercer sur les autres, une légitime autorité (1) : que la bienfaisance les engage à s'aider mutuellement, ce n'est pas-là un devoir rigou-

(1) Je ne parle ni de l'autorité du père de famille sur ses enfans, ni de l'obéissance que ses enfans lui doivent, ni des secours mutuels qu'ils sont obligés de se rendre : tout cela est bien du droit naturel ; mais le droit naturel et l'état de nature ne sont pas la même chose.

reux. Que le fort opprime le foible, ce n'est pas-là un droit inviolable. Tel qui céde à la violence, ou qui assiste un malheureux, ne perd rien de son indépendance naturelle.

Dans l'état de société au contraire, les hommes ne conservent pas le libre usage de leurs volontés & de leurs forces. Ils doivent employer leurs forces pour le bien commun; ils doivent soumettre leurs volontés à la volonté générale. Or, cet assujettissement qui ne vient pas de la nature, resulte donc de la convention; la connoissance de l'effet conduit infailliblement à connoître la cause, lorsqu'une seule cause a pu le produire.

Ainsi, toutes les fois que plusieurs individus forment une société, par l'union de leurs volontés & de leurs forces, chacun d'eux s'oblige envers tous les autres à contribuer de sa personne & de ses biens, à la sûreté, à l'avantage, non pas de chacun en particulier, mais de tous en général: c'est un contrat de tous envers chacun, & de chacun envers tous. Celui qui refuseroit de se lier par cet engagement solemnel, ne seroit pas membre du corps politique; il ne devroit rien à l'état; l'état ne lui devroit rien non plus. Mais, son indépendance ne tourneroit pas à son profit : car tout citoyen reçoit de la cité, plus qu'il ne lui donne.

Ce n'est pas tout, que les volontés & les forces soient unies par cette premiere convention ; si elles ne se dirigeoient pas de concert vers la fin que la société se propose, il n'y auroit point d'union, point d'ensemble ; & le corps social seroit dissous aussitôt que formé. Il est donc nécessaire que cette direction commune leur soit imprimée par une puissance qui domine également sur tous. Il est nécessaire que tous s'imposent, par une nouvelle promesse, l'obligation d'obéir à cette puissance, lorsquelle sera légitimement établie, & ses ordres légitimement donnés. C'est sur cette promesse que reposent les deux pouvoirs législatif & exécutif ; c'est de cette promesse qu'ils tirent leur autorité; les membres de la société naissante qui ne l'auroient pas faite, pourroient troubler l'ordre public par des mouvemens irréguliers, & ils seroient renvoyés, sinon comme rebelles, du moins comme dangereux.

Nulle société ne peut donc se former, sans une premiere convention, qui lie entr'eux chacun des membres dont elle sera composée.

Nulle société ne peut se maintenir, sans une seconde convention qui les assujettisse tous à l'autorité du corps.

Et qu'on ne dise pas que ce n'est-là qu'un contrat imaginaire ; que l'on n'en trouve aucun vestige dans aucun monument. Il est gravé en caractères inéfaçables dans la nature même des choses, & la société en atteste l'existence, par son existence propre.

CHAPITRE VIII.

Comment le Contrat Social se perpétue.

LE contrat social n'est pas dissout par la mort des parties qui l'ont stipulé. Il se transmet à ceux de leurs descendans qui naissent dans l'état ; il est adopté par les étrangers qui viennent s'y établir. Si les enfans des premiers citoyens n'avoient pas voulu rester membres de l'état créé par leurs peres, ils seroient allés vivre ailleurs. Si des étrangers ne vouloient pas devenir membres de l'état où ils transportent leur domicile, ils ne l'y transporteroient pas. Lorsque les uns y demeurent, & que les autres y vont demeurer, ils en acceptent donc les loix par un consentement tacite. Ainsi, le contrat social se renouvelle, se perpétue d'âge en âge, avec les avantages qu'il procure, & les charges qu'il impose. Ce n'est pas une nouvelle société qui s'établit à chaque génération : c'est la premiere société qui reste immuable, au milieu de l'instabilité de ses membres.

Ces réflexions détruisent un faux principe dont *Locke* est l'inventeur, & qui produiroit, s'il étoit juste, les plus pernicieuses conséquences. « J'avoue, dit-il, qu'un homme » est obligé d'exécuter les promesses qu'il a » faites pour soi : *Mais, il ne peut, par* » *aucune convention, lier ses enfans ou sa* » *postérité.* » (1) Aussi, ce n'est pas la convention des premiers fondateurs de la société civile, qui lie leurs enfans ; ce sont leurs enfans qui s'engagent eux-mêmes, en adoptant cette convention par un consentement libre & volontaire (2).

---

(1) Traité du gouvernement, chap. 7.

(2) *Burlamaqui* et beaucoup d'autres, notamment les rédacteurs des Provinciales philosophiques, tom. 5, pag. 390 et 391, pensent néanmoins que,

CHAPITRE IX.

Comment se forme la volonté du Corps politique.

COMME un individu n'a pas le droit de stipuler au nom d'un autre, la société civile ne peut se former que par le consentement individuel de tous les particuliers qui la composent. Mais la société, lorsqu'elle est établie, a le droit d'obliger tous ses membres ; ce droit résulte du contrat social : conséquemment, chacun d'eux est lié par la volonté générale, toutes les fois que le corps délibere sur l'intérêt commun.

Mais pour former la délibération, le vœu du corps politique, il n'est pas besoin du consentement de tous les membres : c'est assez du consentement de la plus grande partie.

Les particuliers qui paroissent à l'assem-

dans cette matière, tous les descendans sont engagés par la convention que leurs premiers pères ont faite. Mais qu'ils aient reçu leurs liens de la main de leurs prédécesseurs, ou qu'ils se les soient imposés d'eux-mêmes, peu importe.

blée, n'y paroiſſent pas comme individus; mais comme membres du corps. Il n'y a donc qu'une ſeule volonté, parce qu'il n'y a qu'un ſeul corps; & cette volonté unique réſulte néceſſairement de la volonté du plus grand nombre.

En général, une ſeule voix de plus ſuffit pour conclure la délibération; l'on peut néanmoins déterminer arbitrairement, ſelon l'importance des affaires, qu'il faudra les deux tiers des voix, ou les trois quarts: mais, dans aucun cas, l'unanimité ne peut être néceſſaire, parce que c'eſt un corps qui délibere; à moins qu'il ne ſoit queſtion de diſſoudre le contrat ſocial, ou de priver les membres de la ſociété des droits qu'il leur aſſure: comme en effet la volonté de tous eſt néceſſaire pour le former, elle ſeroit néceſſaire auſſi pour le rompre; & nul ne peut être dépouillé, ſans ſon aveu, des droits qui lui appartiennent.

L'avis du plus grand nombre engage donc, malgré eux, tous ceux qui étoient d'un avis contraire; & ce n'eſt-là ni une injuſtice à leur égard, ni une atteinte à leur liberté. En formant la ſociété, ils ont promis de ſe ſoumettre à la volonté du corps, c'eſt-à-dire à la volonté du plus grand nombre ; & ce n'est pas être esclave, ce n'est pas endurer une injustice, que de subir une loi qu'on s'est librement imposée.

Ceci suppose au surplus, que les assemblées du corps se fassent en commun, que les voix se recueillent par têtes. Si, en effet, le peuple étoit divisé en plusieurs classes, & que chaque classe s'assemblât séparément, il faudroit dire de chacune d'elles, ce que nous avons dit du corps entier.

CHAPITRE X.

Des effets du Contrat Social.

PAR le contrat social, les hommes passent de l'état de nature à l'état civil, & ce changement les dépouille d'une partie de leur indépendance, les assujettit à de nouvelles obligations, leur donne de nouveaux droits.

1°. Dans l'état de nature, l'homme est soumis aux loix naturelles : il les méconnoît, parce qu'il manque de lumieres ; ou les viole, parce qu'il compte sur l'impunité. Il n'a donc alors d'autre guide que ſon inſtinct ; d'autre regle que ſes caprices ; il ne dépend que de lui-même & de ſes beſoins ; ſa liberté n'auroit point de bornes, ſi ſes forces étoient indéfinies (1).

Dans l'état civil, au contraire, ſa raiſon éclairée, par la raiſon générale, donne un frein à ſes penchans : ſa volonté eſt ſubordonnée à la volonté de la loi : ſes forces ſont dirigées ou contenues par la force publique ; ainſi le contrat ſocial preſcrit des bornes à l'indépendance naturelle.

2°. Puiſque les individus qui l'ont formé, ont mis en commun, leurs perſonnes & leurs biens, ils doivent donc en conſacrer l'uſage, à l'intérêt commun. De-là, l'obligation impoſée à tous les citoyens, de ſe rendre utiles à l'état par leur travail, & de le défendre, même au péril de leur vie, lorſqu'il eſt en danger : celui qui l'abandonne, pouvant le

---

(1) Je n'entends pas soustraire l'homme, dans l'état de nature, à l'empire des loix naturelles. Je veux dire seulement que, dans l'état de nature, la raison de l'homme est obscurcie par ses préjugés ; dominée par ses passions, et que les loix naturelles sont alors incapables de le diriger ou de le contenir.

secourir, celui qui est oisif pouvant travailler, viole le contrat social. De-là encore, l'obligation que tous les citoyens contractent, de contribuer aux besoins de l'état selon l'étendue de leurs richesses ; & c'est enfreindre aussi le Contrat Social, que de céler ses richesses pour diminuer sa contribution.

3°. Si ce sont-là des sacrifices qu'il font à la société, elle les en dédommage avec usure.

Dans l'état de nature, le plus foible devient nécessairement la proie du plus fort. Il y a des possessions, mais point de propriétés ; & si l'on possede par le droit du premier occupant, on ne conservera sa possession que par le droit de la force. La société, au contraire, veille également à la sûreté des personnes, & à la conservation des biens. Elle employe l'autorité de la loi pour déterminer ce qui appartient à chacun. Elle se sert de la force publique pour préserver chacun & des coups de la tyrannie & des entreprises de l'usurpation. Si la vertu ne suffisoit pas pour inspirer aux citoyens l'amour de la patrie, du moins, ils devroient la servir pour leur propre intérêt.

Un autre effet, très important, résulte encore du pacte social : c'est l'inégalité entre les citoyens. Mais j'en parlerai ailleurs (1).

---

(1) Voyez le sixième livre, chap. 2 et 3.

Fin du premier livre.

ÉLÉMENS DU DROIT POLITIQUE.

LIVRE SECOND.

CHAPITRE PREMIER.

SUJET DE CE LIVRE.

JE vais traiter de la ſouveraineté & du gouvernement. Cette matière étoit ſimple autrefois; elle étoit facile. On regardoit la ſouveraineté comme la réunion des pouvoirs néceſſaires pour régir ſagement le corps politique. On penſoit qu'elle peut s'aliéner, ſe communiquer, ſe diviſer, & que le caractère diſtinctif du gouvernement ſe tire de la manière dont elle s'exerce.

Ce n'est pas que *Buchan*, *Boucher*, l'anonyme qui a pris le nom de *Brutus*, n'aient déclamé avec violence contre l'autorité royale, & prétendu l'assujettir indéfiniment à l'autorité du peuple. Mais leurs systêmes étoient si mal conçus ; ils étoient établis sur des raisonnemens si frivoles, sur des citations si fausses ou si mal appliquées, que, depuis long-temps, ils seroient tombés dans l'oubli, si Barclay n'en eût conservé la mémoire, en les réfutant.

Un homme a paru, qui a renversé toutes les notions reçues, avant lui, sur cette matière ; qui a détruit les bases de l'ancien droit politique, & élevé cette science sur des fondemens nouveaux. M. Rousseau, ce philosophe si fameux par la beauté de son génie, par la profondeur de ses pensées, par les charmes de son style, par les malheurs de sa vie, par ses paradoxes enfin ; M. Rousseau a dit : « la souveraineté ne consiste que dans le pouvoir législatif ; elle appartient au corps du peuple ; elle est inaliénable ; le gouvernement, chargé du pouvoir exécutif, n'est qu'une commission que le souverain donne & révoque, à son gré » ; & cette doctrine, qui met toute l'autorité dans les mains du peuple, qui livre les rois à la discrétion de la multitude, qui expose les états à de perpétuelles révolutions, a tellement été récueillie, répandue par nos philosophes modernes, que c'est peut-être une témérité de la combattre.

Je la réfuterai cependant. En matière philosophique, la carrière des discussions est ouverte au dernier des écrivains, comme au premier de tous.

CHAPITRE II.

Qu'est-ce qui constitue la souveraineté.

On ne peut concevoir la souveraineté sans avoir l'idée d'une puissance suprême, d'une autorité absolue, ou du moins d'un pouvoir qui, loin d'être subordonné à aucun autre, soit supérieur à tous; tel enfin, qu'il est nécessaire pour le maintien & la prospérité du corps social. Or, nous avons vu, & c'est une vérité constante, que le corps social ne peut subsister, ne peut atteindre son but, sans le concours du pouvoir législatif & du pouvoir exécutif. C'est donc leur réunion qui constitue la souveraineté. Que seroit un souverain, ou qui ne pourroit pas faire des loix, ou qui ne pourroit pas procurer l'exécution des loix qu'il auroit faites? Ce ſeroit une ombre ſans réalité. S'il n'a pas le pouvoir légiſlatif, il reconnoîtra une autorité ſupérieure à la ſienne, & conſéquemment, il ne ſera pas ſouverain. S'il ne jouit pas de la puiſſance exécutive, ſes loix pourront être mépriſées; ſon autorité deviendra nulle; il ſera nul lui-même.

Il peut ſe faire que le pouvoir légiſlatif ſoit dans une main, & le pouvoir exécutif dans une autre. Mais alors le pouvoir exécutif n'eſt qu'une émanation de la ſouveraineté, un partage de ſes fonctions; & il n'en eſt pas moins vrai que la ſouveraineté conſiſte dans la réunion de tous les pouvoirs, ſoit qu'elle les exerce par elle-même, ſoit qu'elle en délègue une partie.

CHAPITRE III.

SUITE.

CEPENDANT, M. Rousseau, qui vouloit élever un mur d'airain entre les deux pouvoirs, a imaginé un système qui les tint à jamais séparés.

La souveraineté, dit-il, consiste dans l'exercice de la volonté générale : or, la volonté est générale dans l'exercice du pouvoir législatif, parce qu'elle s'applique à tous ; elle n'est que particulière dans l'exercice du pouvoir exécutif, parce q'elle a un objet individuel. Ces deux pouvoirs sont donc aussi incompatibles entr'eux, que la volonté générale est incompatible avec la volonté particulière. La souveraineté consiste donc uniquement dans le pouvoir de faire les loix ; le pouvoir de les faire exécuter, loin d'être un attribut de la souveraineté, en est essentiellement distinct.

Pur sophisme, qui n'étoit pas digne de son auteur.

M. *Rousseau* a dit lui-même « qu'on distingue » dans le corps politique, *la force & la volonté*; » celle-ci, sous le nom de *puissance législative*, » l'autre, sous le nom de *puissance exécutive* (1) ».

Ainsi, quand il fait consister la souveraineté dans l'*exercice de la volonté générale*, il ne définit que l'un de ses attributs. Pour en donner une idée complette, il falloit dire qu'elle consiste dans l'exercice de la volonté générale & *de la force publique* : car la force publique ne peut être que dans la main du souverain, ne peut du moins émaner que de lui, & ne doit se mouvoir qu'à ses ordres.

Autrement, il faut prouver que la force, loin d'être un caractère constitutif de la souveraineté, est, au contraire, en opposition avec le caractère qui la constitue; il faut faire du souverain, un être bisarre qui ne peut avoir que la volonté & point de puissance : je ne trouve pas cette preuve dans le Contrat Social de M. Rousseau.

Il dit, il répete souvent que les actes du pouvoir exécutif sont produits par une volonté dont l'objet n'est pas général; c'est prouver que ces actes ne sont pas des loix; ce n'est pas prou-

(1) Contrat Social, livre 3, chap. premier.

ver encore que la souveraineté ne puisse réunir à la volonté qui détermine, la puissance qui exécute.

Le chapitre suivant donnera plus de développement à cette idée.

CHAPITRE IV.

A qui appartient la souveraineté?

A l'instant où l'association des individus vient de donner l'existence au corps moral, c'est le corps lui-même qui possède la souveraineté. C'est à lui à juger des moyens les plus propres à procurer le bien commun; il a donc le pouvoir législatif. C'est à lui encore à rendre efficaces les moyens qu'il a prescrits; il a donc le pouvoir exécutif. Ainsi, tous les pouvoirs se réunissent dans ses mains; &, par cette raison, il jouit de la souveraineté.

Mais, ces deux pouvoirs, quoique formant, par leur réunion, un être unique, ont cependant des principes divers. Le principe du pouvoir législatif est dans la volonté; le principe du pouvoir exécutif est dans la puissance. La volonté du corps résulte du vœu général ; la puissance du corps se tire également des forces générales. Or, pour être général, il n'est pas nécessaire que le vœu soit unanime ; c'est assez qu'il soit celui du plus grand nombre. De même, les forces du plus grand nombre donnent le produit des forces générales.

C'est donc par la volonté du plus grand nombre, que le peuple fait la loi ; c'est par les forces du plus grand nombre qu'il la fait exécuter ; &, en réunissant ainsi la volonté & la puissance, il est vraiment souverain. Mais ces réflexions, dont l'evidence est palpable, démontrent de plus en plus, que la souveraineté se trouve dans la réunion de tous les pouvoirs, & que, si la puissance législative en est le principal caractère, la plus belle prérogative, la puissance exécutive en est aussi un attribut.

CHAPITRE V.

La souveraineté peut-elle s'aliéner ?

CETTE question est de la plus grande importance. On ne peut déterminer, sans la résoudre, ni la qualité distinctive des gouvernemens, ni la nature du pouvoir qui appartient aux chefs des nations, ni les droits & les devoirs des peuples; c'est d'elle enfin, c'est de sa décision que dépendent, peut-être, la stabilité des trônes ou leur chûte, la tranquillité des empires ou leur bouleversement. Selon ce systême nouveau, qui rend la souveraineté inaliénable, il n'est point de rois, au monde, qu'on ne doive regarder comme des usurpateurs; il n'est point d'états, dans l'univers, dont la face ne doive être changée par une révolution sanglante; au contraire, suivant l'ancienne opinion qui autorise le peuple à transmettre la souveraine autorité, tous, ou presque tous les princes sont revêtus d'un légitime pouvoir; & si quelques-uns d'entr'eux ont outrepassé les bornes qui leur étoient prescrites, on n'aura qu'à les y ramener par des réformes douces & paisibles; or, il me paroît que la doctrine qui regarde la souveraineté comme inaliénable, est contredite par le témoignage de l'univers; qu'elle tend d'ailleurs, à la destruction des sociétés civiles; qu'elle est, de plus, contraire aux droits du corps politique; enfin, qu'elle n'a pour fondement aucune raison légitime.

CHAPITRE VI.

L'opinion qui regarde la souveraineté comme inaliénable, est contredite par le témoignage de l'univers.

LOCKE (1) prouve que l'idée de la monarchie dut se présenter naturellement à l'esprit des hommes qui formèrent les premières sociétés. L'histoire sacrée & profane, les poëtes

(1) Gouvernement civil, seconde partie, chap. 8, §. 107.

& les orateurs apprennent en effet, que depuis qu'il existe des nations, le gouvernement monarchique a été le plus ordinaire, comme il est le plus ancien. Ce point de fait est si constant, si connu, qu'il seroit superflu de l'établir par des citations nombreuses (1). Le peuple de Dieu même fut gouverné par des rois.

Dira-t-on que dans les différentes monarchies qui ont été connues, le peuple conservoit la souveraineté ou le pouvoir législatif, & ne transféroit au roi que la puissance exécutive? ce seroit contredire tous les monumens de l'histoire. Il est vrai que quelques républiques grecques avoient des juges ou des généraux d'armée, décorés du titre de rois. Mais il est également certain que le plus grand nombre des rois qui ont gouverné les nations, exerçoient sur elles toute l'étendue de la souveraineté, c'est-à-dire, le pouvoir législatif & le pouvoir exécutif ensemble. Il est certain aussi que la république d'Athènes, celle de Rome & beaucoup d'autres, ont usé du pouvoir souverain sur des peuples entiers, qui s'étoient

---

(1) On peut voir, à ce sujet, Hertius, *élem. prud. civil; première partie, sect.* 10, §. 5; et le professeur Félice, *leçons du droit des gens; leçon* 2.

donnés à elles ou qu'elles avoient conquis.

Si l'on ne peut nier que la souveraineté monarchique ait été connue, ait été en usage chez tous les peuples & dans tous les temps, on est contraint ou de reconnoître que la souveraineté n'est pas inaliénable, ou de soutenir que tant de rois qui en ont joui, depuis l'existence des sociétés, l'avoient usurpée par la violence. Pour moi, je ne puis croire, sur la foi de quelques sophistes, que l'univers n'ait été gouverné que par des ravisseurs; & il me paroît que le droit des gens, attesté par l'usage universel des peuples policés, a plus de poids en cette matière que les rêveries de nos philosophes modernes.

CHAPITRE VII.

L'opinion qui regarde la souveraineté comme inaliénable, tend à la destruction des sociétés civiles.

IL faut des loix dans un état : ce sont elles qui conservent le corps politique : privé de leurs secours, il resteroit sans mouvement, & bientôt sans vie. Si donc la souveraineté, & avec elle le pouvoir législatif, réside essentiellement dans les mains du peuple, lui seul pourra faire des loix. Et comment les fera-t-il, sinon dans une assemblée générale ? Car la volonté du corps moral ne peut s'exprimer que par le suffrage de ses membres réunis. Rassemblez donc tout le peuple françois dans les vastes plaines de la Champagne, & au milieu de cette énorme cohue, vous ferez des loix si vous pouvez.

M. Rousseau avoue, dans l'un de ses écrits, que *l'assemblée de la nation est impraticable dans un grand peuple* (1). Qu'il indique donc la ma-

(1) Discours sur l'économie politique.

nière dont un grand peuple pourra exercer cette ſouveraineté qui, ſelon lui, en eſt inſéparable. Faudra-t-il le diſſoudre pour former de ſes débris une multitude de petits états confédérés? C'étoit le plan de l'Auteur que je réfute (1); & cela ſeul ſuffit pour dévoiler l'abſurdité de ſon ſyſtême.

Il ne faut point m'objecter ici que le peuple manifeſtera ſa volonté par l'organe de ſes repréſentans. Si, en effet, la ſouveraineté eſt inaliénable, elle ne peut pas plus ſe tranſmettre à mille repréſentans qu'à un ſeul monarque: *Rouſſeau* étoit conſéquent, lorſqu'il a dit: « la » ſouveraineté ne peut être repréſentée, par la » même raiſon qu'elle ne peut être aliénée. Elle » conſiſte eſſentiellement dans la volonté gé- » nérale, & la volonté ne ſe repréſente point: » elle eſt la même ou elle eſt autre; il n'y a » point de milieu. Les députés du peuple ne » ſont donc ni ne peuvent être ſes repréſen- » tans; ils ne ſont que ſes commiſſaires; ils ne » peuvent rien conclure définitivement. Toute » loi que le peuple *en perſonne* n'a pas ratifiée,

(1) Contrat Social, liv. 3, chap. 15.

» est nulle : ce n'est point une loi (1) ». Le principe admis, toutes ces conséquences sont évidemment justes. Mais aussi, elles prouvent la fausseté du principe d'où elles dérivent : car il s'ensuivroit qu'un vaste empire ne pourroit jamais avoir des loix.

On se tromperoit si l'on croyoit remplacer l'assemblée générale du peuple, par les assemblées partiaires de plusieurs cantons. Cette forme est légitime; elle est du moins nécessaire, lorsqu'il s'agit d'élire les magistrats ou les députés : leur élection n'est pas un acte de la volonté générale du peuple, mais des volontés particulières de chaque département, ou de chaque canton. La loi, au contraire, dans le systême que je combats, est essentiellement l'*expression de la volonté générale*. Or, la volon é d'un corps moral est une, est indivisible comme lui-même. Elle ne peut être exprimée que par le peuple *en personne*, suivant l'expression de Rousseau; & le peuple ne se trouve *en personne* que dans l'assemblée générale de tous les individus : dans les assemblées qui se forment par cantons, on ne voit que des membres dispersés, & non pas le corps de l'état.

---

(1) Liv. 3, chap. 15. *Ibidem*.

On dira peut-être que ces cantons composent l'Etat.... sans doute lorsqu'ils sont réunis, mais non pas lorsqu'ils sont séparés. Réunis, ils agissent comme une personne morale : séparés, ils ne peuvent agir que comme parties individuelles. Fut-il jamais de république où le peuple s'assembla par cantons, pour faire des loix ?

Si on considère les départemens, ou les cantons, par rapport à l'intérêt commun de chacun d'eux, ils forment des corps particuliers dans le grand corps de l'état. Mais l'état ne résulte que de leur réunion en un seul tout, & nullement de leur division en plusieurs assemblées. Ces assemblées ne sont que des associations partielles ; & la volonté de chacune, générale par rapport à chaque département, n'est que particulière par rapport à l'état.

Est-il concevable, d'ailleurs, que la loi puisse être établie dans des milliers d'assemblées, qui délibèrent à de grandes distances les unes des autres, & qui n'ont entr'elles aucune communication ? Si la loi est l'expression de la volonté générale, elle doit donc être uniforme ; elle doit être la même dans tout l'état elle doit être *une*, comme la volonté qui la produit : & l'on voudroit que des assemblées éparses,

éparses, isolées, en très-grand nombre, traitassent néanmoins les mêmes matières, proposassent les mêmes loix, formassent les mêmes délibérations, fissent les mêmes règlemens ! Il faudroit du moins qu'elles eussent un moteur unique ; & quel sera ce moteur ? Qu'un ordre commun leur prescrivît le sujet de leurs délibérations ; & qui intimera cet ordre ? Qu'une autorité étrangère fît le recensement de leurs suffrages innombrables ; & où trouver cette autorité ? Encore n'auroit-on, par ce moyen impraticable, que les volontés particulières de plusieurs membres, & non pas la volonté générale du corps.

Je conclus que si la souveraineté est inaliénable, les vastes empires ne peuvent point avoir de législation, ni conséquemment d'existence.

CHAPITRE VIII.

L'opinion qui regarde la souveraineté comme inaliénable, est contraire aux droits du corps social.

A L'INSTANT où le corps social vient de recevoir l'existence, c'est à lui que la souveraineté appartient; il peut donc en disposer & la transmettre.

En effet, une exacte proportion se trouve entre l'indépendance naturelle des individus, & l'indépendance politique des peuples. Or, les individus renoncent à leur indépendance naturelle, lorsqu'ils se mettent en société: ils ont le droit d'y renoncer, parce qu'elle est à eux: ils se déterminent à y renoncer, par la perspective d'un plus grand bien. Pourquoi donc les peuples ne pourroient-ils pas abdiquer de même leur indépendance politique, en établissant un souverain au-dessus d'eux? Celle-ci n'est-elle pas la propriété du corps, comme l'autre étoit la propriété des individus? Ce sacrifice ne peut-il pas lui donner aussi l'espoir d'un plus grand avantage?

J'avoue que les individus qui, par leur réunion, formèrent la société civile, ne se dépouillèrent pas, sans réserve, de la liberté de leurs personnes & de la propriété de leurs biens : seulement ils en abandonnèrent une partie, pour mieux assurer la jouissance du reste. Si donc le contrat social donne des droits au corps politique sur la personne & sur les biens de ses membres, l'intérêt commun en est le motif & la fin; l'intérêt commun doit en régler l'exercice : principe lumineux & fécond, qui doit toujours être présent à la pensée.

Il s'ensuit de-là que la souveraineté ne doit pas se comparer aux propriétés vulgaires; que l'aliénation qui en est faite, ne peut pas transférer au souverain qui la reçoit, le droit indéfini d'en user à son gré, de la faire servir à son utilité personnelle, de la regarder comme son patrimoine & de traiter ses sujets comme son bien. Une telle disposition changeroit la nature du contrat social, opprimeroit les individus qui l'ont stipulé, passeroit les pouvoirs du corps politique : elle seroit nulle.

Mais, si le corps politique, en aliénant la souveraineté, n'a en vue que le salut de l'état, cette disposition est conforme au contrat social; elle est légitime. Il est à craindre, par exemple, que l'intérêt particulier n'étouffe bientôt l'intérêt public; que les passions des individus ne corrompent l'esprit du corps; que la multitude, trompée par son ignorance, ou séduite par ses orateurs, ne choisisse ce qui est mal, faute de connoître ce qui est bien; que les citoyens devenant trop nombreux ne puissent plus s'assembler sans tumulte, & travailler avec sagesse à leur législation. Il est à craindre que l'état ne devienne la proie d'un ennemi puissant, s'il ne choisit pour souverain ou un peuple, ou un roi capable de le défendre: mille causes, enfin, peuvent exiger que, pour le bien de tous, l'état soit confié à la direction, soumis à l'autorité ou d'un sénat ou d'un monarque. Alors, sans doute, le meilleur usage que le corps politique puisse faire de sa souveraineté, c'est de la transmettre, en fixant à l'autorité du nouveau souverain les mêmes limites que le contrat social prescrivoit à la sienne propre.

Ecoutons M. Rousseau: « les chefs savent assez, » dit-il (1), que la volonté générale est tou-

(1) Discours sur l'économie politique.

» jours pour le parti le plus favorable à l'in» térêt public, c'est-à-dire, le plus équitable; » de sorte qu'il ne faut qu'être juste, pour » s'assurer de suivre la volonté générale ». Ou ce passage ne signifie rien, ou il suppose des chefs revêtus du pouvoir législatif, & conséquemment l'aliénation de la souveraineté; & certes, *s'il ne faut qu'être juste pour s'assurer de suivre la volonté générale*, elle sera mieux exprimée par un prince entouré de conseils éclairés & sages, que par une multitude ignorante & passionnée.

CHAPITRE IX.

L'opinion qui regarde la souveraineté comme inaliénable, n'a pour fondement aucune raison solide.

LA souveraineté, dit-on, consiste *dans l'exercice de la volonté générale*, qui ne peut être ni représentée ni transmise.

Ce n'est là qu'une équivoque. Tant que le peuple conserve la souveraineté, elle s'exerce effectivement par un acte de la volonté générale. Mais lorsqu'il détermine, par l'exercice de cette même volonté générale, qu'il est plus avantageux pour lui d'aliéner la souveraineté, elle change de nature, sinon en elle-même, du moins par rapport à son exercice. Alors, ce qui fait la loi, c'est la volonté de celui que le peuple a chargé de la faire. Alors cette volonté passe, avec raison, pour la volonté générale, puisque c'est la volonté générale qui lui a donné sa force & son effet. Le législateur, enfin, est le représentant choisi par la nation, l'organe que la volonté générale s'est donné; *& pour s'assurer de la suivre, il n'a qu'à être juste.*

On ajoute (1) que l'autorité souveraine doit essentiellement résider dans une volonté qui ait une tendance perpétuelle au bien de tous; que ce caractère incompatible avec une volonté particulière ne peut se trouver que dans la volonté générale; qu'elle seule étant toujours droite, peut seule conduire les citoyens au but de leur association; qu'ainsi l'aliénation de la souveraineté ne peut se concilier avec la sûreté des individus & le bonheur du peuple.

---

(1) Elémens du droit public françois, par demandes et par réponses, chap. premier.

Ces principes, tirés du contrat social, conduiroient beaucoup trop loin : car il en faudroit conclure que le pouvoir exécutif lui-même ne peut être aliéné. Ce n'est pas, en effet, la volonté du législateur qui est à craindre, c'est sa force. Des loix injustes annonceront qu'il forme le projet d'opprimer la liberté publique : mais que seront ses projets, s'il n'a pas la puissance de les remplir ? Et s'il abuse, au contraire, pour violer les loix, des forces qui lui ont été confiées pour les faire exécuter, qu'importe que ces loix aient été dictées par la nation ou par lui-même ? Si donc l'on prouve que la souveraineté est inaliénable, parce qu'une volonté particulière, n'ayant point de liaison essentielle avec l'intérêt commun, la sûreté des citoyens seroit incertaine, & conséquemment nulle sous sa direction, j'inférerai de-là que le pouvoir exécutif étant seul capable d'asservir les individus & de ruiner le corps politique, il doit résider dans les mains du peuple, plus essentiellement encore que le pouvoir législatif : système monstrueux qui ne feroit grace qu'au seul gouvernement populaire & que nulle politique encore n'a osé mettre au jour.

Mais, examinons le principe en lui-même.

La volonté générale est toujours droite, dites-vous, parce qu'elle tend toujours à l'utilité publique. Je réponds avec M. *Rousseau* (1), qu'*il ne s'ensuit pas que les délibérations du peuple aient toujours la même rectitude; qu'on veut toujours son bien, mais qu'on ne le voit pas toujours; que jamais on ne corrompt le peuple, mais que souvent on le trompe.*

La volonté d'un individu est toujours droite aussi; car toujours il veut son bien: & sans cesse cependant il fait son mal. Pourquoi? c'est que sans cesse ses passions égarent sa volonté.

Or, dites-moi si le même danger n'est pas à craindre pour le peuple réuni? Dites-moi si l'ignorance, les brigues, la corruption, l'intérêt privé, les passions de tout genre ne peuvent pas séduire le plus grand nombre, substituer ainsi des volontés particulières à la volonté générale, & produire une délibération contraire au bien commun?

J'avouerai donc qu'un particulier, dépositaire de la souveraineté, pourroit, en s'écartant du but de son institution, nuire au corps politique. Mais il faut avouer aussi que le corps politique est exposé aux mêmes inconvéniens,

(1) Contrat Social, liv. 2 chap. 3.

lorsqu'il est lui-même l'artisan de ses loix. Le raisonnement que l'on emploie pour établir que la souveraineté est inaliénable, je m'en prévaus à mon tour, pour soutenir qu'elle peut être aliénée; & la question se réduit à savoir s'il est plus avantageux pour le peuple, de la conserver ou de la transmettre : or, c'est à lui seul qu'appartient le droit de résoudre cette question ; & quand il aliène le pouvoir souverain, convaincu que cette aliénation sera utile à l'état, il fait un acte légitime & sage.

Je terminerai ce chapitre, comme le chapitre précédent, par un passage de M. *Rousseau*. « Il » n'est pas sûr, dit-il, que la décision du peu» ple assemblé fut toujours l'expression de la » volonté générale (1) ». Si l'on n'est pas toujours sûr de trouver la volonté générale dans la décision du peuple assemblé, à quel signe pourra-t-elle donc se reconnoître ? Et s'il n'est point de caractère certain qui la manifeste sans équivoque dans les assemblées du peuple, la décision du peuple assemblé ne peut donc pas être infailliblement regardée comme une loi. Il faut donc, ou que le peuple n'ait que des loix in-

(1) Discours sur l'économie politique.

certaines, ou qu'il aliène le pouvoir législatif. Comme l'on se précipite dans le chaos des contradictions, lorsqu'on abandonne les principes pour courir après des systêmes !

CHAPITRE X.

Systême de M. Rousseau sur le gouvernement.

LA doctrine de M. *Rousseau*, sur la nature du gouvernement, est une suite de ses principes sur la nature de la souveraineté : comme, suivant lui, c'est le pouvoir législatif qui constitue la souveraineté; de même, à l'entendre, c'est le pouvoir exécutif qui constitue le gouvernement. M. *Rousseau* donne donc le titre de gouvernement à l'exercice légitime de la puissance exécutive, & le titre de *prince* ou de *magistrat* à l'homme ou au corps chargé de cette administration.

Mais, comme la puissance exécutive est essentiellement séparée de la puissance législative, il s'ensuit, dit-il, que le gouvernement ne peut jamais être réuni à la souveraineté. Il est un corps intermédiaire établi entre le souverain &

l'état; c'est-à-dire, entre le peuple faisant la loi, & le peuple recevant la loi. Il est une simple commission que le souverain ne peut jamais remplir par lui-même, mais qu'il donne à qui il veut, qu'il reprend quand il lui plaît; & s'il arrive que le peuple la retienne dans ses mains, ce n'est plus comme souverain qu'il l'exerce; c'est en qualité de magistrat.

Par une conséquence des mêmes principes, M. *Rousseau* fait résulter la diversité des gouvernemens des diverses manières dont les fonctions du pouvoir exécutif sont remplies. La commission de l'exercer est confiée par le souvera n ou aux corps du peuple, ou à une compagnie, ou à une seule personne: c'est une démocratie dans le premier cas, une aristocratie dans le second, une monarchie dans le troisième.

Dans ce systême presque inconcevable, à force d'être métaphysique, je vois pour fondement des principes faux. Il suppose que les deux pouvoirs ne peuvent jamais se rencontrer dans les mêmes mains; il suppose de plus que la souveraineté, réduite au seul pouvoir législatif, est imprimée sur la tête du peuple comme un caractère ineffaçable: autant d'erreurs que les fastes de l'univers contredisent & que j'ai suffisamment réfutées.

J'y vois sur-tout des inconvéniens funestes & inévitables. Il fait de la souveraineté & du gouvernement deux puissances rivales, qui, si elles ne sont pas douées l'une & l'autre d'une sagesse au-dessus de l'humanité, seront continuellement en guerre, & déchireront l'état. La souveraineté a toute la volonté pour elle : le gouvernement toute la force pour lui. Qu'arrivera-t-il donc si l'une refuse de faire usage de sa volonté ? Qu'arrivera-t-il encore si l'autre ne veut pas se servir de sa puissance ? Ou il n'y aura point de loix, ou les loix n'auront point d'exécution. Il faudra donc que l'on force la souveraineté à faire des loix : mais la souveraineté ne peut pas être contrainte, puisqu'elle est la souveraineté. Il faudra du moins que l'on force le gouvernement à faire exécuter les loix : mais le gouvernement ne peut pas être contraint, puisque c'est lui qui possède toute la force.

Et si le pouvoir législatif rend une ordonnance pour s'attribuer le gouvernement, ou si le gouvernement vient, les armes à la main, s'emparer du pouvoir législatif, sans doute on contiendra l'un par la force, & l'autre par le droit. Ainsi l'on mettra le droit & la force dans une continuelle opposition. Il est impossible, qu'avec de tels principes, un état soit bien gouverné, ou plutôt ne soit pas détruit.

CHAPITRE XI.

Ce que c'est que le gouvernement.

IL faut donc chercher ailleurs, d'abord le principe constitutif du gouvernement, ensuite le principe constitutif de ses diverses formes. Je trouve le premier dans l'exercice de la souveraineté, & le second dans la manière dont la souveraineté s'exerce.

La souveraineté réunit la volonté & la puissance du corps moral : la volonté, pour faire les loix ; la puissance, pour les faire exécuter : or, le gouvernement consiste dans les actes de la puissance & de la volonté ; c'est-à-dire, que la souveraineté & le gouvernement ne sont pas deux êtres distincts, mais le même être diversement modifié. La faculté d'exercer les deux pouvoirs, forme la souveraineté ; leur exercice constitue le gouvernement. C'est parce qu'on peut faire des loix, & qu'on peut les faire exécuter, qu'on est souverain : c'est en faisant des loix, c'est en les faisant exécuter, qu'on gouverne. Le gouvernement est donc à la souveraineté, comme l'action à la faculté d'agir.

De-là les différentes formes de gouvernement dérivent des différentes manières dont la souveraineté s'exerce. Le gouvernement est démocratique, lorsque la souveraineté appartient au peuple; aristocratique, lorsqu'elle est possédée par un corps, une assemblée, un sénat; monarchique, enfin, lorsqu'elle se trouve au pouvoir d'une seule personne. La souveraineté, en effet, est exercée, dans le premier cas, par le peuple, ou en son nom; dans le second, par le sénat, ou par ses ministres; dans le troisième, par le roi, ou par ses lieutenans (1).

On peut juger par-là qu'il y a peu d'exactitude à prendre la démocratie & l'aristocratie pour des espèces, dont la république est le genre; ces deux formes de gouvernement sont si contraires, qu'il est impossible de les ramener à un principe commun. Mais sur-tout un grand homme s'est trompé (2), lorsqu'il a compris le

---

(1) Montesquieu, Esprit des loix.

(2) Dans l'Encyclopédie, on a défini le gouvernement, *la manière dont la souveraineté s'exerce.* Cette définition contredit le systême de M. Rous-

despotisme dans la classe des gouvernemens. Quand on divise le gouvernement en différentes espèces, on doit supposer qu'elles sont toutes légitimes; & le despotisme ne l'est pas : qu'elles ont chacune leur principe caractéristique, leurs loix propres; & le despotisme ne reconnoît ni loi ni principe. Loin d'apprendre au despote l'art de maintenir sa tyrannique autorité, il valoit mieux enseigner à ses esclaves l'art de la détruire.

CHAPITRE XII.

Des gouvernemens simples & mixtes.

Le gouvernement est *simple* lorsque le pouvoir reste tout entier entre les mains du peuple, ou qu'il appartient sans partage soit à une seule compagnie ou à une seule personne. Il est *mixte* lorsque l'on découvre dans la constitution de

seau; mais il me semble qu'elle confond le principe distinctif des différentes formes de gouvernement avec le principe qui constitue.

l'état un mêlange des formes simples, & que l'exercice du pouvoir a été divisé lors de la fondation primitive, ou par des changemens survenus depuis.

On distingue deux espèces de gouvernemens mixtes, qui l'une & l'autre peuvent varier à l'infini.

La première a lieu lorsque plusieurs exercent séparément, & sans aucune dépendance, les divers attributs de la souveraineté; tels sont les états gouvernés par plusieurs chefs, dont l'un a le pouvoir de déclarer la guerre; un autre, le pouvoir d'établir les impôts; un troisième, le pouvoir de faire les loix civiles; ainsi du reste. Cette forme d'administration est heureusement très-rare; car il n'en est point de plus vicieuse (1).

La seconde se fait remarquer dans les états où plusieurs jouissent de la souveraineté *par indivis*, en sorte qu'ils soient dans une mutuelle dépendance; que leurs actes ne puissent se consommer que par un commun accord; qu'il

(1) On en trouve un exemple dans la Numidie, après le partage que fit Scipion entre les trois fils de Massinissa.

faille enfin la réunion de leurs volontés, pour produire la loi. Telle étoit Rome, lorsque Romulus & Tatius régnoient ensemble; ou qu'Auguste, Marc-Antoine & Lépide se furent emparés de l'autorité; ou que les empereurs se donnoient des collègues associés à l'empire. Telle est de nos jours l'Angleterre; elle tient de la démocratie par les élections; de l'aristocratie, par les deux chambres; de la monarchie, par la sanction *libre* du roi. En un mot, il n'est rien de plus commun que les gouvernemens *mixtes*.

Cette qualification déplaît à *Puffendorf*, & les gouvernemens que l'on appelle mixtes, il les nomme *irréguliers*, parce qu'à son jugement, leur forme est vicieuse.

Il a raison, s'il parle d'un gouvernement où les pouvoirs, loin d'être distribués avec méthode, étant mêlangés sans ordre & sans règle, s'embarrassent dans leurs mouvemens, se choquent dans leur direction, & tournent ainsi au profit de l'anarchie.

Mais, si telle est leur combinaison, qu'ils opposent une digue aux entreprises de l'autorité; qu'ils soient comme autant de gardes qui veillent sur la liberté publique; qu'ils remédient aux inconvéniens des gouvernemens simples, sans en perdre les avantages, cette forme est assurément la plus saine, la plus régulière que des hommes aient pu concevoir. Tous les sages ont donné des éloges au gouvernement anglois : il en mériteroit encore davantage, s'il avoit établi une représentation plus exacte, & mieux assuré la liberté des élections.

CHAPITRE XIII.

Quel est, en thèse générale, le meilleur gouvernement ?

TOUS les ouvrages des hommes portent l'empreinte de l'infirmité humaine : le gouvernement le plus parfait n'est donc pas celui qui n'a point de vices, mais celui qui en a le moins.

Tout gouvernement doit avoir pour but de prévenir le despotisme, d'une part ; & de l'autre, l'anarchie, bien plus dangereuse : or, il sera difficile d'éviter ces deux écueils, en laissant au peuple le soin de gouverner. Que dans une république restreinte aux murs d'une étroite cité, & dont tous les habitans seroient égaux, instruits & sages, la démocratie puisse avoir quelques succès, je n'en disconviendrai pas; mais si vous prétendez l'établir dans un vaste empire, trouvez donc le secret de donner à tous les citoyens le temps d'administrer les affaires publiques, outre leurs propres affaires; d'écarter de leurs assemblées l'intrigue & la cabale, l'erreur & la corruption (1); de verser dans l'ame de chacun d'eux cette multitude de connoissances & de vertus que l'art du gouvernement exige; d'inspirer l'amour de la patrie à des cœurs dominés par l'intérêt personnel; de concilier l'égalité avec les distinctions que la naissance, la fortune & les talens produiront toujours, malgré les loix; d'établir la frugalité chez un peuple qui est partagé entre l'opulence d'une part & la misère de l'autre; à qui le luxe est nécessaire, & que le luxe corrompt; d'éparpiller, pour ainsi dire, la machine du gouvernement, sans en rompre l'unité, sans en détruire les ressorts, sans produire l'anarchie; trouvez le secret de rendre

(1) Le cardinal de Retz, excellent juge en cette matière, a dit, dans ses mémoires, *que toute assemblée nombreuse, de quelque manière qu'elle soit composée, n'est que pure populace, gouvernée dans ses débats, par les moindres motifs.*

les maîtres ceux qui n'ont rien, sans qu'ils portent de continuelles atteintes à la classe des propriétaires; de déposer l'autorité entre des mains trop foibles pour en supporter le fardeau, sans qu'elle tombe & se brise; d'élever aux places, des hommes nouveaux, sans qu'ils en abusent pour flatter leur orgueil, ou satisfaire leurs animosités, sans qu'ils deviennent les serviteurs de la populace qui les protège, & les tyrans des honnêtes gens dont la présence est pour eux un reproche; trouvez le secret de soustraire aux emportemens, aux fureurs de la multitude, les Miltiade, les Aristide, les Thémistocle, les Périclès, les Socrate;.... en un mot, dépeuplez le ciel pour peupler la terre, & vous pourrez alors former une démocratie.

Quant à l'aristocratie, elle oppose au bien public de grands ennemis : savoir, l'intérêt privé de chaque membre du sénat, l'esprit de corps plus dangereux encore que l'intérêt personnel, le désordre enfin qui règne dans une assemblée où les passions naissent de l'amour-propre, & s'échauffent par le choc des opinions. Elle expose les citoyens à lutter perpétuellement contre le despotisme & du corps entier & de chacun de ses membres. Elle expose la raison publique à devenir le jouet des passions, ou de l'éloquence de quelques sénateurs mal intentionnés.

La monarchie, à son tour, présente d'autres dangers. Il est à craindre que, dans cette forme de gouvernement, l'autorité ne marche à pas lents, mais soutenus, vers le pouvoir arbitraire; que les ministres n'opposent l'intérêt mal entendu de leur maître au véritable intérêt du peuple; que les courtisans ne se fassent une étude de corrompre les inclinations du monarque, lorsqu'elles sont sages, & de les fomenter, lorsqu'elles sont vicieuses; que les favoris ne disposent des emplois, ne s'emparent de toutes les graces; n'épuisent le trésor public; que les loix, quoique faites pour tous, ne se taisent en présence de l'homme puissant, pour se dédommager de cette contrainte, en accablant l'homme foible.

Dans l'aristocratie toutefois, & dans la monarchie, le pouvoir peut être dirigé & contenu par les loix fondamentales, dont je parlerai ailleurs (1). Qu'on élève autour d'elles des barrières difficiles à franchir; que l'on fasse régner la justice & la modération dans le sénat

(1) Liv. 4.

que l'impunité ne soit pas l'apanage des ministres; que la distribution des graces & l'administration des finances suivent des règles invariables; alors l'un & l'autre gouvernement seront également propres à procurer le bonheur & la prospérité de la nation.

Dès que les choses sont égales entr'eux du côté de la règle, la préférence est due au gouvernement monarchique. Il a plus de nerf, plus d'ensemble, plus d'activité. Le sénat n'est pas toujours assemblé: le monarque est toujours présent. Pendant que le sénat délibère, le monarque agit. La corruption trouve mille avenues pour se glisser dans l'assemblée des sénateurs; elle en a beaucoup moins pour pénétrer dans le conseil du prince.

Sans doute, le gouvernement d'un seul est sujet à des abus: mais, le gouvernement de plusieurs en est-il exempt? Néron & Caligula étoient des monstres; mais n'a-t-on pas vu des monstres aussi parmi les Ephores de Sparte, parmi les Décemvirs de Rome, parmi les Suffètes de Carthage? Le joug du despotisme pèse quelquefois sur les états monarchiques: mais dans les états aristocratiques ou populaires, le despotisme des corps, la tyrannie de la multitude, l'anarchie, enfin, ne font-elles pas un plus grand nombre de victimes ? On ne peut jamais compter sur la sagesse du peuple ; il est difficile que tous les membres d'un sénat soient dignes de leurs augustes fonctions. Mais le ciel ne donne pas toujours des rois dans sa colère ; & les plaies que l'état a reçues sous de mauvais règnes, la main d'un bon roi les a bientôt guéries. Depuis 1614, une ample carrière s'étoit ouverte en France, au pouvoir arbitraire ; que n'a pas fait Louis XVI pour la fermer ?

En un mot, les plus célèbres publicistes ont donné la préférence au gouvernement monarchique. Les nations l'ont presque généralement adopté. Homere, Platon, Aristote, Tite-Live, Tacite en font le plus grand éloge. Il est constant, du moins, par l'expérience de tous les siècles, qu'un grand peuple ne peut être bien gouverné que par un roi ; & ses institutions politiques doivent tendre uniquement à se prémunir contre l'abus de l'autorité, en tempérant la monarchie par un mêlange tiré des autres formes.

CHAPITRE XIV.

Quel est le meilleur gouvernement pour un peuple déterminé?

S'IL s'agit d'un peuple nouveau, qui, après avoir été jusqu'alors membre d'un autre état, s'en détache pour former un état libre & indépendant (1), la question est impossible à résoudre. Il faut consulter son génie, ses mœurs, son étendue, sa position locale, ses richesses foncieres ou d'industrie, ses relations au-dedans & au-dehors. Le gouvernement simple ou mixte, qui s'alliera le mieux avec ces différens rapports, sera le meilleur pour lui. Que ses législateurs réfléchissent, & lui donnent une constitution qui le garantisse à la fois de la licence & de la tyrannie.

Mais ils doivent sur-tout se préserver d'une imitation aveugle & servile. Tel gouvernement

(1) Telles furent autrefois la Suisse et la Hollande. Telle a été, de nos jours, l'Amérique.

eſt excellent pour une nation, qui ſeroit déteſtable pour une autre. Ici, un gouvernement ſimple peut convenir ; un gouvernement mixte ſera plus propre ailleurs. Tantôt il faut diviſer le pouvoir ; & la loi, placée entre ſes différentes parties, ſuffira pour en prévenir la confuſion : tantôt le pouvoir doit être réuni ; & une force de réſiſtance lui ſervir de contrepoids. Si le gouvernement d'Angleterre eſt un chef-d'œuvre, c'eſt parce que les Anglois ont pour la loi un reſpect peut-être ſans exemple. Transportez-le chez un peuple qui ſe ſoit fait une habitude de mépriſer les loix, de n'accorder ſon eſtime qu'aux dignités, de prendre l'ambition pour la vertu, l'éclat extérieur pour le mérite, l'autorité pour l'honneur : alors, les jurés & les tribunaux deviendront un objet de riſée ; la confuſion régnera dans l'exercice des différens pouvoirs ; les deux chambres & le trône ſeront tels que des torrens luttans contre leurs digues.

Demande-t-on, au contraire, quel eſt le gouvernement le plus convenable à une nation dont l'exiſtence eſt ancienne ? Je répondrai en tranſcrivant ce paſſage du bon Montagne : « non par opinion, mais en vérité, l'excellente » & meilleure police eſt à une chacune nation, » celle ſous laquelle elle s'eſt maintenue. Sa

» forme & commodité essentielle dépend de
» l'usage. Nous nous déplaisons volontiers de
» la condition présente : mais je tiens pourtant
» que d'aller desirant le commandement de peu
» en état populaire, ou en la monarchie une
» autre espèce de gouvernement, c'est vice &
» folie (1) ».

Je sais qu'il n'est rien de si pur que le temps ne corrompe : je sais que la constitution des empires se dégrade en vieillissant, & qu'il faut, lorsque des abus l'ont défigurée, la rétablir dans son premier éclat, par des réformes salutaires. Mais changer le gouvernement, ce n'est pas le réformer ; c'est faire une révolution : or, pour faire une révolution avantageuse, il faudroit, avant tout, changer les mœurs, le génie, les usages du peuple ; il faudroit que les hommes pussent être façonnés par les décrets des législateurs, comme, sous le ciseau de l'artiste, un bloc de marbre peut recevoir mille formes arbitraires ; il faudroit un génie vaste & profond qui embrassât d'un coup-d'œil tous les rapports de l'ancien & du nouveau régime ; qui maitrisât, à son gré, le temps, les personnes & les choses ; qui lût enfin dans le livre de

(1) Essais de Montague, liv. 3, chap. 9.

l'avenir les infaillibles succès des bouleversemens qu'il se propose.

Quel homme sage peut donc entreprendre, sans frémir, le grand œuvre d'une révolution, ou envisager, sans horreur, les maux qu'elle entraîne ? Lisez l'histoire des nations, à l'époque où elles se soulevèrent contre l'ancien gouvernement : jettez les yeux sur l'état actuel de la France, vous verrez la discorde secouant ses flambeaux, la haine envenimant les cœurs, l'inquisition répandant l'effroi ; vous verrez le frein des loix rompu, le glaive arraché des mains de la justice, l'ordre social remplacé par la fureur populaire ; vous verrez les possessions dévastées, les fortunes détruites, les citoyens égorgés ou fugitifs...... Les révolutions commencent par dévorer la génération présente ; & les biens qu'elles promettent aux générations futures ne sont qu'une espérance souvent trompeuse, toujours éloignée.

Tous ces maux qui m'épouvantent, sont la faute, dira-t-on, non pas des hommes, mais des choses. Une révolution ne peut se faire sans cela.... Eh bien, il n'en faut donc point faire. Autrement, c'est à leurs auteurs que l'on imputera les maux qui en sont la suite. Novateurs audacieux, qui renversez les empires pour chercher le bonheur à travers leurs ruines, écoutez ce philosophe à qui vous dressez des autels, mais dont vous n'adorez que les erreurs.

On lit dans le Contrat Social, *qu'il faut souffrir un mauvais gouvernement, quand on l'a; ... que les changemens qu'on y fait sont toujours dangereux.*

On lit dans le jugement sur la paix universelle, qu'*une révolution fait plus de mal tout d'un coup, qu'elle n'en peut prévenir pour des siècles.*

Les Lettres de la Montagne, le Jugement sur la polysinodie, les Considérations sur le gouvernement de Pologne, tous les ouvrages pratiques de *Rousseau* sont pleins des mêmes conseils. Il ne veut pas que l'on abolisse les vieilles coutumes, que l'on change les vieilles maximes, que l'on donne une autre forme à un antique gouvernement. Craignant tout ce qui fait trop de mouvemens dans l'Etat, tout ce qui approche du tumulte démocratique, il recommande aux réformateurs des nations de n'amener les changemens que par degrés; de ne toucher même aux abus qu'avec une circonspection extrême; d'avoir toujours devant les yeux cette importante maxime, *qu'il ne faut rien changer sans nécessité.*

« En ce moment, dit-il, on est plus frappé » des abus que des avantages; le temps viendra,

» je le crains, qu'on sentira mieux ces avan-
» tages, & malheureusement ce sera quand on
» les aura perdus (1) ». Il va jusqu'à assurer
» que les peuples, une fois accoutumés à des
» maîtres, ne sont plus en état de s'en passer.
» S'ils tentent de secouer le joug, ils s'éloignent
» d'autant plus de la liberté, que, prenant
» pour elle une licence effrénée qui lui est op-
» posée, leurs révolutions les livrent presque
» toujours à des séducteurs qui ne font qu'ag-
» graver leurs chaînes (2) ».

Tels sont les principes que Rousseau a développés, toutes les fois qu'il a enseigné l'art de gouverner les peuples. Ce philosophe si fier, ce républicain si jaloux de la liberté, a peint, sous les couleurs les plus vives, le danger des révolutions. Par-tout il s'est élevé contre les changemens vifs & brusques avec une éloquence qui ravit, avec une force qui entraîne. Pourquoi faut-il que les vices de sa théorie aient desséché, sur leurs tiges, les fruits que l'on devoit espérer des règles salutaires qu'il prescrit pour la pratique?

---

(1) Gouvernement de Pologne.

(2) Dédicace du discours sur l'origine et les fondemens de l'inégalité parmi les hommes.

Fin du second livre.

ÉLÉMENS
DU
DROIT POLITIQUE.

LIVRE III.

CHAPITRE PREMIER.

SUJET DE CE LIVRE.

APRÈS avoir établi que la souveraineté peut être aliénée, il faut indiquer les différentes manières dont elle peut s'acquérir, puis se transmettre d'une personne à une autre.

CHAPITRE II.

Comment s'acquiert la souveraineté.

LE peuple existe avant d'avoir un sénat ou un roi ; il est donc lui-même son propre souverain, avant de passer sous une domination étrangère ; or, cette souveraineté, qui est son bien, nulle puissance humaine n'a le droit de la lui ravir. Il faut donc ou qu'il la conserve, ou qu'il la donne.

Ainsi, la souveraineté ne peut sortir des mains du peuple, que par un acte de la volonté générale. C'est une règle sans exception ; c'est un axiome en droit politique. Tous les moyens d'acquérir la souveraineté que nos auteurs détaillent, ou reviennent à celui-là, ou ne sont pas légitimes. Qu'une nation qui, jusqu'alors, s'est gouvernée par ses propres loix, veuille enfin avoir un chef ; que le propriétaire d'une contrée inculte & indépendante y appelle des colons, à condition qu'ils vivront sous son empire ; que la voie de l'élection, ou celle de l'hérédité remplace un monarque par un autre ;

toujours l'autorité qui domine sur le peuple a le consentement du peuple pour cause & pour fondement.

Il est dit dans l'Ecriture, que *toute puissance vient de Dieu.* Mais ce texte ne signifie pas que Dieu dépouille la nation de son droit de souveraineté, pour en disposer lui-même, & qu'il établit les rois, qu'il les choisit à son gré. Il créa l'homme pour la société, & la société ne peut se soutenir sans des chefs qui la gouvernent. Or, en laissant à la nation la liberté de choisir son gouvernement & ses chefs, Dieu ratifie, en quelque sorte, le choix qu'elle a fait, & communique une partie de sa puissance aux chefs qu'elle s'est donnés. Comment, en effet, les hommes, qui sont dans la dépendance absolue de l'être qui les a créés, pourroient-ils, sans son intervention, transmettre à des tiers une autorité qu'ils n'ont pas eux-mêmes? C'est en ce sens que *toute autorité vient de Dieu, & que celui qui résiste aux puissances, résiste à l'ordre établi par Dieu.* Noble & sublime vérité, qui devroit faire le bonheur du genre humain! Elle engage les rois à être justes & bons comme la Divinité dont ils sont l'image; elle engage les peuples à respecter les rois comme la Divinité qu'ils représentent (1). Mais il n'en est pas moins vrai que la première source de la souveraineté est dans le consentement du peuple.

CHAPITRE III.

Du droit de conquête.

Que dirai-je donc du droit de conquête ; de ce fléau destructeur qui a ravagé tant d'empires & si souvent désolé le genre humain ? N'est-il pas aussi un moyen légitime d'acquérir la souveraineté ? Cette question a fort embarrassé les politiques.

Les uns supposent que, par le droit du plus fort, la souveraineté sur le vaincu appartient au vainqueur. En ce cas, le vainqueur ne gardera son pouvoir qu'aussi long-temps qu'il conservera sa force ; & un droit qui naît de la

(1) Ce n'est pas à dire qu'elle favorise ni la tyrannie, ni le despotisme, ainsi que je l'expliquerai ailleurs.

force & s'éteint avec elle, a plus d'apparence que de réalité.

D'autres voyant le droit de conquête en vigueur chez toutes les nations barbares ou policées, l'attribuent au droit des gens. Je croirois entendre une troupe de brigands prononcer cette loi de police : « les dépouilles de celui d'entre nous, qu'un autre aura dévalisé, seront légitimement acquises au ravisseur ». Le droit des gens résulte du droit de la nature. Le droit de la nature est tiré de la raison. La raison condamne la violence, au lieu de l'approuver ; & si elle permet l'usage de la force, c'est lorsqu'on résiste à l'oppression ; ce n'est pas lorsquon opprime.

Plusieurs distinguent entre les guerres qui sont justes & celles qui ne le sont pas. Mais toutes les parties belligérantes prétendent avoir la justice de leur côté. Qui décidera ce grand procès ? La force. C'est donc au droit de la force que cette distinction nous ramène. Or, ces deux mots, *droit* & *force*, expriment deux idées contradictoires.

La plupart, dévouant au massacre tous les habitans du pays conquis, imaginent que les vaincus doivent rendre graces au vainqueur, lorsqu'au lieu d'être leur bourreau, il veut bien n'être que leur souverain. Mais *Montesquieu* (1), & sur-tout *Rousseau* (2), ont tellement anéanti ce système, absurde autant qu'il est atroce, que désormais il ne paroîtra plus.

On peut dire que les nations vivent entr'elles dans l'état de nature ; que conséquemment leur première loi est de veiller à leur propre conservation ; qu'ainsi un peuple a le droit de faire des conquêtes, lorsqu'elles sont nécessaires pour sa sûreté. J'y consens ; mais aussi l'intérêt d'un peuple n'est pas une obligation pour le peuple voisin. Ce que la force lui a enlevé, il peut donc le recouvrer par la force ; d'où il s'ensuit que la conquête, fût-elle autorisée par le besoin, ne devient pas cependant un titre irréfragable.

Il faut donc revenir à mon principe, ou n'en reconnoître aucun. Tant que la nation vaincue n'aura pas légitimé, par son consentement, le droit de conquête, elle restera en état de guerre avec le conquérant. Elle portera le joug, faute de pouvoir le briser ; elle le brisera sans injustice, si jamais elle devient la plus forte ; or, le seul

---

(1) Esprit des Loix, livre 10, chap. 3.

(2) Contrat Social, livre premier, chap. 4.

rapport de la force à la foiblesse, ne peut établir que le despotisme, & non pas une légitime souveraineté.

Aussi, les conquérans exigent-ils un serment de fidélité des peuples qu'ils ont soumis. Mais, ce serment est-il bien libre ? ou sans être libre, peut-il être obligatoire ?

M. de Montesquieu dit (1) que les princes ne sont point libres, parce qu'ils ne vivent pas entr'eux sous des loix civiles. Il conclut de-là que les traités qu'ils ont faits par force, sont aussi obligatoires que ceux qu'ils auroient faits de bon gré ; &, ce qu'il dit des princes, on peut le dire de même des nations.

Si cette doctrine étoit juste, le droit de conquête seroit facile à expliquer. Mais M. de Montesquieu ne reconnoît-il donc d'autres loix que les loix civiles ? Les loix de la nature ont existé avant elles ; & le droit civil a confirmé, & développé le droit naturel, bien loin de le détruire. Or, les hommes ne cessant point d'être hommes pour s'être unis en société, il s'ensuit que les nations & les princes restent soumis entr'eux aux loix de la nature. Elles forment

---

(1) Esprit des Loix, livre 26, chap. 20.

le droit civil des nations considérées dans le rapport qu'elles ont les unes avec les autres.

Il est donc, pour les nations, une loi commune, qui domine également sur chacune d'elles; qui les assujettit toutes à observer ses préceptes sacrés; & cette loi veut que, pour être obligatoire, le consentement soit libre. Un serment arraché par la force ne produit donc aucune obligation, ni entre les particuliers, ni entre les peuples; & s'il ne produit aucune obligation, il ne peut pas servir de fondement au droit de conquête (1).

Quand est-ce donc que la conquête sera devenue, pour le vainqueur, un titre légitime de souveraineté? C'est lorsque les peuples qu'il a vaincus seront heureux sous son empire, & que le sentiment de leur bonheur les portera enfin à reconnoître, pour souverain légitime, celui qui les en fait jouir. Les nations qu'Alexandre avoit soumises, la famille qu'il avoit détrônée, le pleurèrent après sa mort. Voilà le droit de conquête, & une grande leçon pour les conquérans.

---

(1) Ceci doit s'entendre suivant les explications que je donnerai dans le chapitre suivant.

CHAPITRE IV.

SUITE.

Des traités entre le vainqueur & le vaincu.

UNE seule cause peut accélérer le droit du conquérant, & le rendre, sans délai, possesseur légitime de la souveraineté sur le peuple conquis; c'est un traité légitime.

Telles que des individus qui ne seroient point unis par les nœuds de la société civile, les nations vivent entr'elles dans l'état de nature; également soumises à l'empire de la droite raison, à l'autorité des loix qu'elle prescrit. Les traités faits par les nations sont donc obligatoires; les promesses qu'elles ont respectivement données & reçues sont donc inviolables.

Si ces conséquences ne sont pas démontrées; le droit de la nature n'est qu'une chimère; le droit des gens n'est qu'un vain nom.

L'état de guerre, que des conventions suspendent ou terminent, n'altère point ces principes, ainsi que Puffendorf l'a pensé (1); il leur

(1) Droit de la nature et des gens, livre 8, chap. 7 et 8.

donne plutôt une force nouvelle. La guerre, en effet, quoique trop souvent elle étouffe, dans les hommes, tout sentiment d'humanité, n'efface pas en eux la qualité d'hommes; elle les laisse donc assujettis au droit naturel. Les conventions faites entre les puissances ennemies conservent donc, malgré la guerre, toute leur autorité. Bien plus, il n'est point de peuples qui n'aient regardé les traités solemnels comme un moyen légitime de terminer la guerre; & la guerre, sans cela, ne pourroit s'éteindre que par la destruction totale de l'une des nations qu'elle divise. L'exécution des traités qui rétablissent la paix importe donc à la tranquillité du genre humain, & leur foi semble avoir l'univers pour garant. Combien ce caractère les rend plus sacrés!

Ainsi, lorsque, par un traité de paix, stipulé entre les parties qui en ont le droit, & revêtu d'ailleurs de toutes les *formes réquises* (1), un

---

(1) Quelles sont ces parties? quelles sont ces formalités? Ces questions ne tiennent pas aux principes généraux du Droit politique; il faut en chercher la décision dans la constitution particulière des différens états.

peuple cède à un autre peuple des villes ou des provinces, celui-ci acquiert la souveraineté sans délai, non point par droit de conquête, mais en vertu du consentement exprès de l'autre; & il la conserve tant qu'il ne viole pas le traité qui la lui a transmise.

On opposeroit en vain que le vaincu, contraint par la supériorité des armes de son ennemi, cède à la violence, loin de donner un consentement libre; que, du moins, des conventions, pur effet de la crainte, ne peuvent le lier que dans le cas où le sort des combats a favorisé la justice.

Grotius observe avec raison (1), « qu'il a » été établi entre les peuples, par les règles du » droit des gens, que toute guerre faite de part » & d'autre par autorité du souverain, & dé- » clarée dans les formes, *seroit tenue pour juste*, » *à l'égard des effets extérieurs* », & si cette règle n'étoit pas admise, les peuples seroient donc continuellement en état de guerre, puisqu'il n'est aucun tribunal qui puisse prononcer sur les querelles qui s'élèvent entr'eux.

Cela étant, si le vaincu préfère les conditions

---

1) Droit de la guerre, livre 2, chap. 17, §. 19.

qu'on lui impoſe, aux dangers inévitables qu'il apperçoit dans la continuation des hoſtilités, le choix qu'il fait eſt également libre & ſage. Que la crainte ait influé ſur ſa détermination, je le veux ; mais la tranquillité publique, l'intérêt commun des nations demandent que, dans cette crainte, on ne voie rien d'injuſte, rien qui ſoit propre à annuller le traité ; tel eſt le droit des gens.

Je ſuppoſe cependant que les conditions preſcrites par le vainqueur ſoient équitables, & on doit les juger telles, toutes les fois qu'elles ne ſont pas contraires aux droits impreſcriptibles de l'homme. Je ſuppoſe encore que le vainqueur ait eu, pour commencer la guerre, ou pour la ſoutenir, un prétexte au moins ſpécieux, quoiqu'incapable, de ſoutenir l'examen attentif de la raiſon ; c'eſt alors que la guerre eſt *préſumée juſte*, par rapport *à ſes effets extérieurs*, & que le droit des gens confirme le traité de paix, ſans égard à la crainte que l'une des parties allégueroit vainement pour l'enfreindre.

Que ſi le vainqueur avoit entrepris la guerre ſans aucun ſujet, ou pour des raiſons manifeſtement injuſtes ; ſi un nouveau Cortès alloit conquérir des nations lointaines ; où ſon nom n'est pas même connu ; sans doute le traité qui les lui soumettroit, dépourvu de tout prétexte plausible, ne leur imposeroit point des obligations irrévocables ; &, pour les soumettre enfin à la souveraineté de l'usurpateur, il faudroit attendre qu'elles l'eussent adopté librement par un consentement tacite.

De même, si un guerrier farouche, abusant du droit de la force, imposoit aux peuples subjugués un joug insupportable, des conditions que l'humanité réprouve, on ne verroit, dans le vainqueur, qu'un barbare ; on ne verroit, dans le traité, qu'une oppression. Alors, le conquérant ne jouira d'une souveraineté légitime que lorsqu'adoucissant lui-même les clauses d'un traité tyrannique, il fera oublier ses cruautés, & méritera, par un gouvernement sage, que les vaincus se donnent à lui (1).

Il est donc vrai que la conquête peut être une occasion d'acquérir la souveraineté ; mais ...e la souveraineté n'est jamais acquise au conquérant que par le consentement ou *exprès*, ou *tacite* du peuple qu'il a vaincu.

---

(1) Voyez, sur les principes exposés dans ce chapitre, la note de *Barbeyrac* sur *Grotius*, livre 3, chap. 19, §. 11 ; *Vatel, droit des gens*, liv. 4, chap. 4 ; *Burlamaqui, principes du Droit politique*, quatrième partie, chap. 10.

CHAPITRE V.

Du despotisme.

CE que je viens de dire prouve assez ; ce que j'ajouterai dans le livre suivant prouve mieux encore que le despotisme ne devroit pas être placé au nombre des gouvernemens (1).

Le despote est celui qui, *sans loi & sans règle, entraîne tout par sa volonté & par ses caprices* (2).

Selon le baron de Wolf (3), cette autorité qui fait frémir la nature & la raison, & qu'il appelle *imperium herile*, est néanmoins légitime, si le peuple a trouvé bon de la donner au chef qui le gouverne. Mais il falloit prouver que le corps du peuple, à qui le Contrat Social n'a déféré la souveraineté sur ses membres, que pour procurer la sûreté de leurs personnes & & de leurs biens, a cependant le droit de les

(1) On verra aussi dans les livres suivans, surtout dans le sixième livre, chap. 4, combien il y a de différence entre la monarchie et le despotisme.

(2) Ce sont les termes de M. de Montesquieu, *Esprit des Loix*, liv. 2, chap. 1.

(3) *De juris naturæ*, §. 269.

soumettre à un régime qui met leurs biens & leurs personnes dans un danger continuel & imminent.

Aussi, Vatel (1) exige, pour l'établissement du despotisme, non-seulement la volonté générale du peuple, mais le consentement individuel de tous les particuliers. Il faut donc supposer que des millions d'hommes ont dit à un seul homme : « nous nous livrons à ta discrétion ; tu » disposeras, à ton gré, de nos biens, de nos fem» mes, de nos enfans ; tu nous dévoreras, quand il » te plaira de nous dévorer ». Une semblable convention, si jamais elle a été faite, étoit le comble de la folie. Les loix naturelles, les loix politiques, les loix civiles l'annullent, la proscrivent de concert. Est-ce que les sujets donneroient validement au souverain le pouvoir de leur ravir ce que son titre, au contraire, le charge essentiellement de conserver ? Jamais il ne peut avoir l'autorité légitime de faire des actes qui détruiroient la nation.

Le droit des gens avoit établi chez les nations payennes, que tout soldat, pris par l'en-

(1) Observations sur le traité *du Droit de la Nature*, par M. Wolf, §. 269.

nemi, les armes à la main, tomboit dans la servitude. M. *Rousseau* a prouvé, par les seules lumières de la raison, que l'homme ne peut ni donner, ni vendre sa liberté (1). Les loix romaines, ces loix qui ne sont que l'explication du droit naturel, qui ont soumis à leur empire les vainqueurs même de Rome, qui feront à jamais l'étonnement & l'admiration des sages, les loix romaines accordent à la liberté une faveur particulière. Elles la regardent comme un bien *hors du commerce*; elles annullent toutes les conventions propres à la blesser (2). En un mot, selon le droit naturel, sanctionné par le droit civil, la liberté est inaliénable, parce qu'elle n'a point de prix; & le consentement individuel que Vatel demande pour le fondement du despotisme, seroit un consentement nul aux yeux de la raison & des loix.

Le despotisme est donc, en matière de gouvernement;

---

(1) Contrat Social, liv. 1, chap. 4.

(2) Il étoit cependant quelques cas où la perte de la liberté étoit la peine d'un délit. *Voyez Henn ccius, Olden. jur. civ. sec. ord. instit., liber primus, tit.* 3, §. 83.

vernement, un monstre créé par la violence & nourri par la sottise. Il sera anéanti, lorsque ses sujets seront devenus des hommes. Jusques-là, le despote les tient enchaînés, & il fait bien. Alors, ils briseront leurs chaînes, & ils feront encore mieux.

CHAPITRE VI.

Comment la souveraineté se transmet.

COMME la souveraineté ne peut être acquise que par le consentement du peuple, de même c'est au peuple qu'il appartient de déterminer la manière dont elle passera d'un souverain à l'autre, dans la suite des temps. Quelquefois, il la soumet au droit d'élection; plus souvent, il l'abandonne aux loix de l'hérédité; de-là vient que, dans quelques Etats, la souveraineté est élective, tandis que dans le plus grand nombre elle est héréditaire. Il est même arrivé quelquefois que la voie de l'élection & celle de la succession se trouvant réunies, le nouveau souverain étoit choisi parmi les membres de la famille régnante. Tel étoit l'usage, par rapport à la couronne de France, sous la seconde race; & même sous la première, si l'on en croit l'abbé de Vertot (1).

Ces règles sont communes à l'aristocratie & à la monarchie. Il est des rois que l'élection met sur le trône; il en est d'autres à qui la succession le transmet. De même aussi, dans quelques sénats, les membres sont électifs, dans plusieurs autres, la qualité de sénateur passe aux héritiers; par-tout, la transmission de la souveraineté doit suivre les loix anciennement établies par la volonté du peuple.

---

(1) Mémoires de l'Académie des Inscriptions et Belles-Lettres, tom. 6.

CHAPITRE VII.

Laquelle des deux est la plus avantageuse pour le peuple, de la souveraineté élective, ou de la souveraineté héréditaire.

ELLES ont, chacune, leurs avantages & leurs inconvéniens, leur bien & leur mal.

La succession expose à de fâcheux hasards; l'élection est une source inépuisable de guerres civiles, le plus grand des maux qui puissent affliger un Etat.

Quand on a le droit d'élire, on peut appeler au trône celui qui est le plus digne d'y monter. Mais, si l'élection se fait par le peuple, il sera souvent trompé; si elle se fait par des mandataires, ils seront souvent corrompus. Quand le successeur à la couronne est désigné par sa naissance, on peut, dès ses premiers ans, lui apprendre à la porter; & si l'éducation des princes n'est pas toujours conforme à l'intérêt des peuples, c'est la faute des instituteurs, & non pas de la loi.

Dans un royaume électif, le monarque est

moins intéressé à étendre l'autorité royale au-delà de ses justes bornes ; mais il prend aussi moins d'intérêt à la prospérité de l'Etat qu'à la fortune de sa famille, & le gouvernement changeant de principes aussi souvent que de chef, est sujet à de fréquentes vicissitudes.

Dans un royaume héréditaire, les rois s'attachent à l'Etat par les liens qui les unissent à leur famille ; formés sur les mêmes principes, ils suivent des plans d'administration plus uniformes. Mais il est dangereux que la famille régnante ne tende au pouvoir arbitraire avec la même constance ; & la nation a besoin d'une vigilance plus soutenue pour se conserver ses droits.

Après tout, si l'hérédité donne quelquefois des princes cruels, & plus souvent des princes foibles, l'élection n'en donne-t-elle pas aussi ? L'histoire de l'Empire romain, de la Pologne, de l'Allemagne, offre-t-elle moins de mauvais règnes que celle de l'Espagne, de l'Angleterre ou de la France ? Mais du moins, & cette considération efface toutes les autres, l'hérédité préserve l'Etat d'une instabilité destructive ; elle exclut les brigues & les factions ; elle assure la paix intérieure ; & l'usage du plus grand nombre des peuples qui lui ont donné la préférence sur l'élection, est un sûr garant que réellement elle la mérite (1).

(1) On peut voir, à ce sujet, l'auteur anonyme de l'Essai sur le gouvernement civil, et le Commentaire des loix anglaises, par Blackstone.

CHAPITRE VIII.

De l'élection.

LORSQUE le trône ou le sénat se remplissent par la voie de l'élection, l'on y procède selon les formes établies par les loix de l'Etat, ou par d'anciens usages qui en tiennent lieu. Quelquefois, c'est le peuple qui élit; quelquefois, c'est une partie seulement des citoyens. Là, l'élection est libre & entièrement dépendante de la volonté des électeurs; ici, elle doit se faire ou parmi les citoyens d'une certaine classe, ou parmi les membres d'une certaine famille. Mais celui qui est élu jouit-il de la souveraineté? Il est étrange que les politiques aient proposé cette question; plus étrange encore qu'elle ait partagé leurs suffrages; car la manière dont la souveraineté se transmet, n'a rien de commun avec les caractères qui la constituent.

Puisque je suis tombé sur la matière de l'élection, il faut l'envisager dans toute son étendue, & relativement aux différens emplois publics.

Dans un Etat *purement monarchique*, l'élection ne doit être d'aucun usage (1). Elle est très-fréquente, au contraire, dans les autres gouvernemens simples ou mixtes.

Elle peut se faire de deux manières ; par le sort ou par le choix.

La voie du sort suppose ou des charges qui n'exigent ni vertus, ni talens, ou des citoyens qui sont tous égaux en talens & en vertus. Heureuses les républiques où elle pouvoit être mise en usage sans danger ! Il faut en convenir néanmoins ; souvent, le choix que font les hommes donne lieu de regretter celui que le sort auroit fait ; c'est que la corruption est plus à craindre que le hasard.

---

(1) « Le monarque, dit *Rousseau*, étant, de droit, » seul prince et magistrat unique, le choix de ses » lieutenans n'appartient qu'à lui ». *Contrat Social*, *liv.* 4, *chap.* 3.

Le Choix peut ſe faire ou publiquement, ou en ſecret.

Tant que les citoyens furent vertueux, les ſuffrages furent publics; le myſtère eſt inutile aux électeurs, quand ils choiſiſſent le plus digne, & que les candidats, qui ſont exclus, remercient les Dieux, à l'exemple de Pédarète, d'avoir donné à la république d'autres ſujets plus en état de la ſervir.

Mais quand l'égoïſme eut étouffé l'amour de la patrie, que l'intrigue diſpoſa des places; que les ſuffrages ſe vendirent, les candidats exclus conçurent des projets de vengeance. Alors, il fallut donner aux électeurs la facilité de ſuivre leur conſcience ſans s'expoſer à la haine, ou de la trahir ſans ſe couvrir de honte; & la voie du ſcrutin fut introduite. L'élection par ſcrutin ſuppoſe donc que le peuple eſt corrompu; & lorſque le peuple eſt corrompu, la voie de l'élection eſt pernicieuſe.

On peut dire que tous les citoyens doivent être électeurs, non pas afin que chacun d'eux puiſſe exercer une minutieuſe partie de la ſouveraineté; ce qui n'eſt qu'une orgueilleuſe chimère, mais parce que l'élection leur donne des repréſentans, & qu'ils ſont tous intéreſſés aux fonctions qu'elle défère.

Pour élire, cependant, il faut connoître les sujets dignes d'être élus ; & les dernières classes du peuple ne peuvent avoir cette connoissance. Elles sont, d'ailleurs, si faciles à gagner par les caresses, à intimider par les menaces, à corrompre par l'argent, qu'il y auroit de la témérité à compter sur la rectitude de leurs suffrages. On ne peut donc admettre à l'élection tout le peuple indistinctement, sans vouloir que le plus grand nombre des électeurs, ou soient séduits, ou soient vendus, ou choisissent au hasard.

S'il importe que la faculté d'élire soit restreinte à un certain nombre de citoyens, on croiroit, au premier abord, que tous, au contraire, doivent jouir de la faculté d'être élus ; & qu'il seroit injuste d'attacher cette faculté aux qualités accidentelles qui viennent des richesses ou de la naissance ; la naissance, dira-t-on, donne de l'orgueil plutôt que des talens ; les richesses portent au vice plutôt qu'à la vertu. Souvent, au contraire, la nature & l'éducation réparent les injustices du sort. Tel qui est né au dernier rang, & que la fortune n'a point favorisé, est souvent un sujet capable ; pourquoi donc ne seroit-il pas permis de le choisir ? Cette doctrine seroit juste, peut-être, si l'on étoit certain que toujours le choix des électeurs sera réglé par la sagesse. Mais le but des loix est de prémunir les hommes contre l'erreur & les passions; & les précautions qu'elles ont à prendre ne peuvent se déterminer que sur le calcul des probabilités. Il faut donc que la qualité d'*éligible* soit restreinte à ceux qui, dans toutes les classes, ont le plus d'intérêt au maintien de l'ordre & de la justice; & cet intérêt dérive des différentes espèces de propriétés que l'on possède.

Mais, en vain l'on prendra toutes les précautions que la prudence peut suggérer. Dans les élections populaires, la plupart des électeurs seront toujours esclaves de la cabale; toujours, c'est au plus intriguant qu'ils donneront leurs suffrages, même en croyant les donner au plus digne. L'homme de mérite ne se fait pas chef de parti. Dédaignant la brigue par fierté, ou se l'interdisant par sagesse, il vit inconnu du vulgaire; & les places dont le peuple dispose à son gré, deviennent communément la proie de l'ignorant, assez souple pour se plier aux vues de la populace, assez vil pour caresser les passions, assez effronté pour acheter son suffrage.

CHAPITRE IX.

De la succession.

Les usages des différentes nations sur la succession au trône varient à l'infini, & dépendent néanmoins d'un principe commun. C'est pour l'avoir méconnu, que les auteurs ont répandu sur cette matière une si profonde obscurité.

La souveraineté est héréditaire, lorsque le peuple, faisant par un seul acte, l'élection d'une longue suite de souverains, la défère non-seulement à celui qu'elle choisit en premier ordre, mais à tous ses descendans à perpétuité. Alors, ceux qui recueillent ce précieux héritage ne le reçoivent pas du souverain précédent, mais du peuple lui-même, ou de la loi primitive qui les y appelle.

De-là, il résulte que la souveraineté héréditaire est un *fidei-commis* fondé par le peuple, & qui doit suivre à jamais les règles tracées dans le titre primitif de son établissement.

Ce *fidei-commis* est de deux espèces. L'un imite

l'ordre des successions *ab intestat*, l'autre réunit davantage les caractères propres aux substitutions.

Dans le premier cas, tous ceux qui sont appelés à la succession du précédent souverain, succèdent aussi à la souveraineté, & partagent l'empire. Mais il ne faut pas confondre les biens patrimoniaux du souverain avec la souveraineté elle-même. Les plus proches parens recueillent les uns comme héritiers, & les autres comme substitués. L'hérédation ne les dépouille point de leurs droits au trône; il leur est libre d'y monter, en répudiant la succession. En un mot, comme succédant à la souveraineté, ils jouissent des privilèges que les loix civiles accordent aux *fidei-commissaires*, sans être tenus des charges qu'elles imposent aux héritiers.

Dans le second cas, il faut examiner quelle est la nature du *fidei-commis*, pour connoître ceux qui s'y trouvent appelés. Quelquefois, il est linéal, en sorte que la fille, plus proche, exclut le mâle plus éloigné; quelquefois, il est masculin; & tous les mâles du même degré succèdent concurremment, à moins que le dernier possesseur n'ait fait usage du droit d'élire. Quelquefois, il est agnatique, & alors, non-seulement les filles, mais les mâles qui en descendent, sont perpétuellement incapables de succéder à la souveraineté. Quelquefois, enfin, il forme un vrai majorat.

Le plus communément, la succession au trône s'est réglée en Europe sur la succession aux fiefs. Elle est soumise au droit d'aînesse, ou en est exempte; les filles y sont admises, ou en sont exclues, selon que ces différentes loix avoient lieu par rapport aux fiefs, dans les temps où les différens royaumes furent établis, ou leur constitution réformée.

CHAPITRE X.

Que la souveraineté ne peut se transmettre par des actes entre-vifs ou de dernière volonté.

LORSQUE la souveraineté est héréditaire, & que plusieurs héritiers, au même degré, y sont appelés ensemble, le souverain peut assigner à chacun d'eux une portion de l'empire ou le déférer à un seul. Ces dispositions, dont la premiere & la seconde race de nos rois offre de fréquens exemples, n'ont rien de contraire aux loix fondamentales de l'Etat.

Mais, a-t-il le droit d'en disposer au profit des personnes qui n'y sont pas appelées par l'ordre ordinaire des successions? *Hobbes*, qui ne fixe point de terme à l'autorité des rois, reconnoît en eux le pouvoir indéfini de transmettre la souveraineté par des testamens, par des donations, par des ventes (1). *Grotius*, qui a souvent abusé de son érudition, pour leur attribuer d'injustes prérogatives, distingue les royaumes en patrimoniaux & usufructuaires (2). Le prince, dit-il, possède les premiers en pleine propriété; il en a la disposition libre. A l'égard des seconds, il n'est qu'usufruitier; il peut en jouir, mais non pas les aliéner. *Puffendorf* (3) plus sage que *Grotius*, quoiqu'il n'ait pas su toujours se garantir de ses erreurs, a suivi le même système, qui compte d'ailleurs une foule de partisans, & entr'autres, *Burlamaqui* (4).

---

(1) *De cive, sub titulo* Imperium, *caput* 9, *N.* 12 *et* 15.

(2) Droit de la guerre, liv. premier, chap. 3, §. 11.

(3) Droit de nature et des gens, liv. 7, chap. 6, §. 16.

(4) Principes du droit politique, chap. 3, tit. 3, §. 25.

Selon moi, il n'est rien de plus déraisonnable que cette comparaison entre un royaume & un champ; entre les loix qui prononcent sur les propriétés particulières & celles qui sont relatives à la souveraineté d'un État.

Quand les nations se donnèrent un souverain, ce n'est pas son avantage qu'elles avoient en vue, mais le leur propre. Elles vouloient qu'il les rendît heureuses par une sage administration, & non pas qu'il les mît dans le commerce comme un troupeau de bétail. A force de flatter les monarques, quelques politiques ont dégradé la raison & avili l'humanité.

En élevant sur le trône une famille qui méritoit sa confiance, le peuple a exclu toute famille étrangère. Celui à qui le souverain légitime auroit vendu ou donné son royaume, le posséderoit donc contre la volonté du peuple. Il seroit donc un usurpateur, & s'il est vrai que la souveraineté n'est établie que pour l'intérêt du peuple, comment pourroit-il se faire que la souveraineté fût jamais le patrimoine de celui qui la possède?

Le baron de Bielfeld (1) observe *que la volonté*

(1) Institution politique, première partie, chap. 3, §. 19.

du chef d'une société doit être regardée comme la volonté positive de tous ses membres. Il en conclut que le prince paroît fondé à disposer de l'empire. Mais il n'a pas fait attention que ce principe, très-vrai, lorsqu'il s'agit du gouvernement de l'Etat & de l'utilité commune, renverse la conséquence qu'il en déduit. Est-ce administrer l'Etat que de le vendre ? Est-ce procurer l'utilité commune que de donner à la nation un chef qu'elle réprouve, dès qu'il n'est pas appelé par les loix qu'elle a faites ?

On allègue le droit de conquête. Mais j'ai déjà dit que ce droit n'est rien, s'il n'a pas pour base le consentement du peuple conquis. Il n'est point de différence entre la souveraineté conquise sur le peuple, ou donnée par lui.

On suppose que, lors de l'établissement d'une monarchie non élective, le peuple a permis au souverain la libre disposition de son droit ; mais cette supposition, contraire à la nature des choses, heurte la raison. Le peuple étoit autorisé, par le Contrat Social, à donner aux citoyens un gouvernement juste & sage ; il pouvoit donc établir une monarchie héréditaire. Mais le peuple n'avoit point la propriété de l'Etat ; il ne pouvoit donc pas la transmettre au monarque établi.

On cite, enfin, des exemples. Mais, parmi ces exemples, il faut distinguer les fiefs tenus en souveraineté, des souverainetés indépendantes, qui ne relèvent que de la nation.

A l'égard des fiefs, tenus en souveraineté, la souveraineté paroît être un accessoire du fief, telle que la justice seigneuriale étoit en France, lorsqu'elle y fut établie. Il ne seroit donc pas étonnant que, par l'effet d'une constitution qui leur est particulière, le principal entraînât l'accessoire, sur-tout lorsque le fief, décoré de l'autorité souveraine, retourne entre les mains du seigneur dominant.

Par rapport aux souverainetés indépendantes, les seules dont il soit ici question; si les aliénations, qui en ont été faites quelquefois, n'ont eu d'autre titre que la force, elles n'établissent pas le droit; & si elles ont été confirmées par le consentement exprès ou tacite du peuple, ce consentement les a rendues légitimes (1).

---

(1) Voyez, sur cette matière, *Vatel*, du Droit des gens; liv. premier, chap. 5, §. 61 et 68.

CHAPITRE

CHAPITRE XI.

Des Renonciations.

LA plupart des écrivains ſont tombés dans d'étranges mépriſes, au ſujet des renonciations, pour avoir conſulté les loix civiles ſur une matière à laquelle les loix civiles ſont abſolument étrangères. « Il ne faut pas décider par les règles » du droit civil, dit Monteſquieu, quand il » s'agit de décider par les règles du droit po» litique (1) ».

Sans contredit, les loix qui règlent la ſucceſſion au trône, forment une partie principale du droit politique ; elles ſont les premières loix fondamentales de l'Etat. Que fait donc un prince de la famille régnante, lorſqu'il renonce à la ſouveraineté pour lui & pour ſes deſcendans ? Il déroge à une loi fondamentale ; & je prouverai, dans la ſuite, que le ſouverain lui-même n'a pas le droit d'y déroger.

(1) Esprit des loix, liv. 26, chap. 16.

Il est donc évident que cette renonciation est nulle, non-seulement par rapport aux descendans du prince qui l'a faite, mais par rapport à lui-même. Pour la rendre irrévocable, il faut l'autorité de la nation, C'est elle qui a réglé l'ordre de la succession au trône; cet ordre ne peut donc être interverti sans elle. Ainsi, toute renonciation qu'elle n'a pas autorisée est sans force. On peut renoncer à son droit, mais non pas au droit d'autrui, non pas au droit d'un peuple. Au contraire, toute renonciation, qu'elle a revêtue de son consentement, est efficace, & pour celui qui l'a faite, & pour ceux qui descendent de lui. Comme en effet, le droit des races futures n'est pas encore formé, comme il ne consiste que dans une vocation incertaine, comme il ne peut leur être transmis qu'au moyen de l'acceptation qui en a été faite pour eux, par l'un de leurs auteurs, pourquoi une renonciation légitime, faite également en leur nom, ne seroit-elle pas capable de les en priver?

Quand je parle de la nation, je parle aussi de ses représentans. Ainsi, le consentement du roi, représentant légitime de la nation, suffira pour rendre valides les renonciations faites par les princes de la famille régnante, à moins que la constitution n'ait établi des états-généraux ; car alors le consentement des Etats devroit concourir avec celui du monarque.

Tels sont les principes ; mais ces principes doivent céder à l'empire des conjonctures ; & la seule règle que l'on puisse consulter pour en faire une application juste & sage, c'est le bien de l'Etat.

CHAPITRE XII.

La nation peut-elle changer l'ordre de la succession au trône ?

QUOIQUE l'ordre anciennement établi doive être observé dans les cas ordinaires, le peuple est en droit de l'interrompre, lorsqu'il ne pourroit s'y conformer sans un danger manifeste. Il est avantageux que le chef d'une nation vive au milieu d'elle. Il est nuisible, au contraire, qu'elle soit gouvernée par un prince nourri dans des maximes qui ne sont pas les siennes. Si donc il arrivoit que la loi du sang appelât au trône un étranger, le peuple pourroit l'exclure ; si le prince, qui doit succéder, possédoit un autre royaume, le peuple pourroit l'exclure encore. Les ſtatuts que la Ruſſie & le Portugal ont faits ſur cet article intéreſſant, entrent d'eux-mêmes dans le code politique de toutes les nations.

Dira-t-on que le peuple dérogeroit alors aux loix fondamentales ? Non, il n'y dérogeroit pas. Ces loix s'expliquent, ſe modifient, ſe reſtreignent par une autre loi inviolable, imprefcriptible, la premiere & la plus puiſſante de toutes ; ſavoir, *le ſalut du peuple* (1). Quand la nation établit une monarchie héréditaire, quand elle détermina l'ordre de la ſucceſſion, elle penſa que cet arrangement étoit le plus convenable, pour aſſurer à jamais la tranquillité, la proſpérité de l'empire. Si donc il arrive, par des événemens imprévus, que le cours ordinaire de la ſucceſſion entraîne avec lui des dangers pour l'Etat, & devienne une calamité publique, il faut l'interrompre. Ce n'eſt pas violer alors le réglement primitif, c'eſt en ſuivre, ſinon les termes, du moins l'eſprit.

Ce n'eſt pas à dire que le peuple s'arrogeant un droit d'examen ſur le ſouverain que la naiſ-

(1) Voyez, à ce sujet, l'Esprit des loix, liv. 26, chap. 23.

sance lui donne, puisse le rejetter, sous prétexte d'incapacité. Ce seroit ouvrir la porte à des troubles continuels; transformer l'hérédité en élection; fouler aux pieds les loix fondamentales; violer les droits du souverain & les devoirs des sujets; lever enfin l'étendard de la révolte. Qand le prince est évidemment incapable de régner, la régence est le seul remède auquel il soit permis de recourir. Cette matière recevra un nouveau jour, lorsque je traiterai, dans le cinquième livre, la question de savoir si le peuple peut changer, à son gré, la forme du gouvernement.

CHAPITRE XIII.

Des difficultés qui s'élèvent sur la succession au trône.

TELLE est l'injustice des princes, tel est le malheur des peuples, que s'il s'élève des difficultés sur la succession au trône, la guerre s'enflamme de toute part, & l'empire arrosé de sang reste à celui des rivaux qui en a fait couler davantage. Mais, le canon, pour être le dernier argument des rois, n'eſt pas la première règle de la juſtice; & j'examine à qui appartient, de droit, le jugement de ce grand procès.

Il n'exiſte point de tribunal auquel il puiſſe être porté. Nul tribunal au monde n'a de juriſdiction ſur une nation indépendante. Les puiſſances voiſines peuvent interpoſer leur médiation, mais non pas leur autorité : elles n'en ont aucune. C'eſt donc au peuple, dont les prétendans ſe diſputent la ſouveraineté, c'eſt à lui ſeul qu'il appartient de juger auquel d'entre eux elle eſt dévolue. Il faut bien que le peuple ſoit juge, puiſque nul autre ne peut l'être.

C'eſt un devoir pour lui de travailler à ſa conſervation, au maintien de ſon gouvernement & de ſes loix fondamentales; d'avoir les yeux ouverts ſur tout ce qui l'intéreſſe, & de procurer ſon bien. Il s'eſt déchargé, ſur le monarque, de ce ſoin important & pénible. Quand le monarque eſt incertain, c'eſt à lui-même de le remplir; & n'importe-t-il pas au peuple d'avoir un ſouverain légitime, plutôt qu'un uſurpateur? N'eſt-il pas de ſon intérêt que l'ordre de la ſucceſſion ſe conſerve ſans atteinte; que les loix qui le déterminent ne ſoient pas violées?

Ces loix ſont l'ouvrage du peuple (1). C'eſt

(1) Voyez, ci-après, le livre 4, chap. 6.

lui qui aliéna la souveraineté; il l'auroit conservée s'il l'eût voulu; c'est lui qui prescrivit la manière dont la souveraineté se transmettroit. Il pouvoit la laisser élective, au lieu de la rendre héréditaire. Or, quel autre que le législateur a droit d'interpréter, d'appliquer la loi qu'il a faite?

Si donc un cas se présente où les loix, concernant la succession, paroissent obscures & leur application incertaine, les prétendans doivent se soumettre au jugement de la nation. S'ils emploient d'autres moyens, ces moyens sont injustes. Que les princes ambitieux recourent à la force; un prince sage ne veut que la justice. Lorsque la couronne de France fut disputée entre Philippe de Valois & Edouard, roi d'Angleterre, les états-généraux prononcèrent sur cette contestation, & leur jugement fut irrévocable.

Fin du troisième livre.

ÉLÉMENS DU DROIT POLITIQUE.

LIVRE IV.

CHAPITRE PREMIER.

SUJET DE CE LIVRE.

JE touche à la partie la plus intéressante du droit politique. C'est du contrat qui se fait entre la nation & le souverain, c'est de la constitution de l'État & de ses loix fondamentales que je vais parler.

CHAPITRE II.

De la convention qui se fait entre l'Etat & le souverain (1).

La société se forme par une convention qui lie chaque individu envers tous les autres. Mais se fait-il encore une convention particulière entre l'Etat & le souverain ? Cette question, très-métaphysique, & sur-tout très-inutile, lorsque le peuple conserve la souveraineté, est, au contraire, de la plus haute importance & d'une facile discussion, lorsque la souveraineté est aliénée.

Hobbes & *Rousseau* nient qu'aucune convention ait lieu entre le peuple & le roi. Mais, quoique d'accord sur le principe, ils en déduisent des conséquences très-opposées.

Hobbes en conclut que le prince jouit d'une autorité irrévocable & sans bornes ; il en con-

(1) Voyez, sur cette question, Puffendorf, *du Droit de la nature et des gens*, liv. 7, chap. 2, §. 8 et suiv. C'est une de celles qu'il a le mieux traitées.

clut, que, si le roi & le tyran diffèrent l'un de l'autre, c'est uniquement par l'usage bon ou mauvais qu'ils font de leur puissance indéfinie. De telles conséquences, qui n'ont que trop accrédité les déclamations de nos philosophes contre l'autorité des rois, ne peuvent résulter que d'un principe absurde.

Au contraire, Rousseau en infère que le peuple conserve une autorité supérieure à celle des rois; qu'il peut limiter leur puissance; qu'il peut les en dépouiller, lorsque le bien de l'Etat exige cette révolution.

Le principe de Rousseau seroit incontestable, les conséquences qu'il en déduit seroient justes, s'il étoit vrai que la souveraineté fût inaliénable. Alors, le prince ne seroit que le ministre de la nation; & le maître ne fait point de convention irrévocable avec son intendant. Alors, le prince resteroit, comme tous les citoyens, soumis à la souveraineté du peuple; & il seroit absurde qu'un contrat mît le souverain dans la dépendance du sujet.

Mais, en prouvant que la souveraineté peut s'aliéner, j'ai renversé la base de l'édifice élevé par M. *Rousseau*; & il est facile de démontrer, contre *Hobbes*, qu'il se fait une convention entre le peuple & le roi, au moment où la souveraineté lui est transmise.

D'une part, avant que le peuple ait choisi son roi, sans contredit, il n'est pas obligé de lui obéir. Il faut donc une cause qui produise cette obligation; & cette cause, où la découvrirons-nous?

Selon *Hobbes*, elle existe dans le premier contrat, par lequel chaque membre de la société promit à tous les autres de se soumettre au gouvernement que le Corps trouveroit bon d'établir; c'est une erreur manifeste. Une convention ne peut acquérir des droits qu'aux parties qui l'ont stipulée, & non point à des tiers. La soumission due au roi par le peuple ne peut donc être l'effet que d'un nouveau pacte conclu entre le peuple & le roi. En se donnant un roi, le peuple promet de lui être soumis & fidèle; & quand cette promesse ne seroit pas énoncée en termes précis, elle seroit tacitement renfermée dans l'acte même qui transfère la souveraineté.

D'un autre côté, que l'on me permette de rappeler des principes que j'ai déjà retracés ailleurs, mais qui reçoivent ici une application manifestement juste.

Il est indubitable que, si le peuple choisit, de préférence, le gouvernement monarchique, c'est que le gouvernement monarchique lui paroît le plus avantageux. Son intérêt propre est le seul motif qui l'engage à se dépouiller de son autorité, en faveur d'un monarque, & si quelques écrivains ont dit qu'il est des royaumes fondés pour le seul intérêt du roi, ils ont dit une extravagance.

Ainsi, l'on ne peut en douter, la souveraineté est déférée au roi, afin qu'il en use pour la prospérité de l'Etat & le bonheur des sujets, afin qu'il fournisse à la société les moyens de parvenir plus sûrement au but qu'elle se propose. Le roi, en l'acceptant, se soumet donc lui-même aux conditions sous lesquelles elle lui est transmise, sans lesquelles il n'en seroit pas revêtu; & le serment prêté par les rois, lorsqu'ils reçoivent la couronne, n'est-il pas une preuve authentique, ou plutôt une répétition des engagemens contractés par celui de leurs prédécesseurs qui la porta le premier?

C'est une étrange manière de contracter, dit M. *Rousseau* (1), que de s'obliger à commander

(1) Contrat Social, liv. 3, chap 16.

d'une part, & à obéir de l'autre. Cette plaisanterie seroit bonne, si tel étoit le contrat qui lie entr'eux le souverain & le peuple. Mais le peuple ne s'oblige pas à obéir comme un esclave à son maître; il ne s'oblige qu'à suivre les loix qui seront établies pour son bonheur. Le souverain ne s'oblige pas *à commander* ce qui seroit vraiment ridicule; il s'oblige à procurer, par un gouvernement sage, le bien de la nation.

Ce contrat, dit encore le même auteur, ne seroit pas un acte de la souveraineté; & conséquemment, il seroit illégitime. Au contraire, c'est par un acte de la souveraineté que le peuple à qui elle appartient s'en dépouille; du moins, il la transmet, en vertu d'un droit qui résulte du Contrat Social, ainsi que je l'ai expliqué ailleurs (1). Le pacte par lequel cette transmission s'opère, est donc légitime.

En aliénant la souveraineté, le peuple agit comme souverain; car s'il n'étoit pas souverain, il ne pourroit pas disposer de la souveraineté. Cet acte participe néanmoins à la nature des conventions, parce qu'il se fait entre deux parties, & se consomme par leur consen-

(1) Livre 2, chap. 8.

tement mutuel. Le peuple cède le pouvoir souverain, aux conditions qu'il détermine. Le roi l'accepte, aux conditions proposées, & qu'il s'engage à remplir. N'est-ce pas là une convention légitime ?

Quel sera donc, demande M. *Rousseau*, le garant des engagemens réciproques, formés par les parties contractantes ? Je réponds qu'ils auront pour garant, la loi naturelle, qui domine également sur les sujets & sur les rois. Je réponds encore que, si le roi viole les engagemens qu'il a contractés, la force publique pourra se tourner contre lui, & déclarer que la convention est dissoute ; c'est un sujet que je traiterai dans le livre suivant. . . .

Mais celui qui a la force en main sera toujours le maître de l'exécution. . . . Avec cette objection, si elle étoit raisonnable, je détruirois aussi tout le systême du *Contrat Social* ; & M. *Rousseau*, quand il l'a faite, ne s'est pas rappelé ce qu'il avoit dit ailleurs, que, si l'on suppose l'abus de la force, il est inutile de chercher quels sont les principes du droit.

Hobbes oppose toutefois, & M. Rousseau a répété ce mauvais sophisme, que, par l'élection du souverain, le peuple se détruit ; or, dit-il, on ne fait pas de convention avec un être qui n'existe plus.... Il faudroit conclure de-là que l'élection du roi le détruit lui-même. Si, en effet, le peuple ne subsiste plus, les individus retombent dans l'état de nature; & dans l'état de nature, il n'est point de rois.

Comment donc ? L'acte qui établit un gouvernement est la consommation du Contrat Social; & le Contrat Social seroit anéanti par l'acte qui le consomme ! C'est pour sa prospérité que le corps politique se soumet à une autorité tutélaire; & un acte fait pour sa prospérité lui donneroit la mort ! Dans tous les temps, l'univers a été rempli de nations soumises à des sénats ou à des monarques. Il n'a donc été rempli que de nations dissoutes. Le peuple romain se détruisit, lorsqu'il élut Numa pour Roi, & Tite pour empereur. Le peuple françois n'existoit plus sous le règne de Charlemagne, de Louis XII, de Henri IV. Ah ! que les corps politiques aient toujours de tels souverains, & s'ils se détruisent, en les choisissant, ils se détruiront pour être heureux.

A l'instant où la nation élit un roi & traite avec lui, elle est encore souveraine. Cette élection & le contrat qui l'accompagne, sont le dernier acte de sa souveraineté, mais ils en sont encore un acte. La nation n'est donc pas dissoute au moment du contrat ; & c'en est assez pour le rendre inviolable.

Elle n'est pas dissoute non plus après le contrat. Tant que le *Corps Politique* jouit de la souveraineté, on le considère sous deux rapports ; comme *Etat*, quand il est *passif*, comme *souverain*, quand il est *actif*. Ses membres s'appellent, en particulier, *citoyens*, comme participant à l'autorité souveraine, & *sujets*, comme soumis aux loix de l'Etat. Cette doctrine est de M. *Rousseau* (1). De ces deux rapports, il en est un qui s'efface par l'aliénation de la souveraineté ; mais l'autre reste ; & les sujets qui se sont soumis à l'autorité d'un roi, toujours unis, soit entre eux, soit avec leur chef, par les liens du Contrat Social, continuent néanmoins à former l'Etat. Le Corps Politique n'est donc pas dissous.

En un mot, obéissance & fidélité de la part du peuple ; protection & justice de la part du roi ; tels sont les engagemens respectifs de l'un & de l'autre. Sans cette convention, je ne vois ni sujets, ni souverain ; mais un despote & des esclaves : ceux-là ne sont pas tenus d'obéir ; ils y sont forcés ; celui-ci n'a pas le droit de com-

(2) Contrat Social, livre premier, chap. 7.

mander ; il l'usurpe. Cette convention, au contraire, les rend eux & lui, ce qu'ils doivent être. Elle détermine les rapports qui les unissent; & fixant les devoirs de tous ainsi que leurs droits, elle prévient également la révolte & la tyrannie. Ah ! si les deux parties en observoient religieusement les clauses, l'ordre, la paix & le bonheur régneroient dans les empires.

CHAPITRE III.

Du pouvoir absolu & limité.

HOBBES ne reconnoît point de souveraineté limitée. A l'en croire, tout souverain est absolu, par la raison qu'il est souverain ; & les modifications que l'on voudroit ajouter à sa puissance sont abolies par la souveraineté même dont il est revêtu. Tel seroit aussi le sentiment de *Machiavel*, si son livre du *Prince* étoit réellement ce qu'il paroît être.

D'autres, au contraire, ennemis irréconciliables de l'autorité, s'irritent au seul mot de souveraineté *absolue* ; & veulent que la nation puiſſe, dans tous les temps, fixer arbitrairement des bornes au pouvoir des rois.

Ces deux opinions, outrées l'une & l'autre, ſont également inconciliables avec l'hiſtoire de toutes les nations. Il n'en eſt point qui n'ait commencé ou fini par avoir des rois; & ces rois ne jouiſſoient pas d'une égale autorité. Les uns faiſoient ſeuls la loi, tenoient ſeuls les rênes du gouvernement, adminiſtroient au gré de leur ſageſſe; choiſiſſoient des conſeils, s'ils vouloient en avoir, & ſuivoient leurs avis, s'ils les jugeoient convenables. Les autres étoient liés, tantôt par des loix conſtitutionnelles qu'ils devoient ſuivre; tantôt par un conſeil public, qu'ils devoient conſulter; tantôt par le conſentement de la nation, qu'ils devoient obtenir.

Il y eut donc, de tous les temps, des ſouverainetés *abſolues* & des ſouverainetés *limitées*: diſtinction qui procede du traité fait entre le ſouverain & l'Etat.

Ce traité, en effet, peut être général; il peut renfermer auſſi des clauſes particulières. S'il oblige ſimplement le monarque à gouverner de la manière la plus avantageuſe à ſes ſujets, ſon pouvoir *eſt abſolu*. S'il lui preſcrit des règles fixes & certaines, ſon pouvoir *eſt limité*.

C'eſt donc ſans raiſon que le mot de pouvoir *abſolu* effarouche les eſprits. Pour être abſolu, ce pouvoir n'eſt pas arbitraire. Le prince auquel il a été tranſmis gouverne ſelon ſes lumières, ne conſulte que les conjonctures actuelles, n'eſt lié par aucun réglement poſitif; mais toujours ſon autorité trouve un frein dans la convention générale qui lui a déféré la couronne. Il peut faire tout ce qu'il veut, pourvu qu'il ne veuille rien de préjudiciable à l'Etat. L'autorité indéfinie de procurer le ſalut du peuple, & l'autorité indéfinie de le perſécuter, n'ont aucun rapport entr'elles.

Lorſque le pouvoir du prince eſt *limité*, les bornes qui le circonſcrivent ſont plus ou moins reſtreintes, plus ou moins étendues, ſelon que le contrat primitif les a poſées. Il ſera dit, par exemple, que le prince ne pourra point déclarer la guerre ſans y être autoriſé par le conſentement du peuple, ou percevoir des ſubſides ſans que le peuple les ait approuvés, ou faire exécuter les loix ſans que le peuple leur ait donné ſa ſanction. Quelquefois, la nation établit, pour l'exercice des droits qu'elle s'eſt réſervés, une compagnie dont les membres ſont inamovibles; quelquefois, elle nomme des repréſentans qu'elle change à des époques déterminées.

En un mot, comme elle est maîtresse de donner ou de retenir la souveraineté, elle peut de même modifier à l'infini la puissance qu'elle transmet au souverain; &, pour savoir quels sont actuellement les droits de l'un, il faut considérer quelle a été, dans le principe, la volonté de l'autre.

Au surplus, si j'ai distingué le pouvoir *absolu* du pouvoir *arbitraire*, c'est que l'exactitude des principes exige cette distinction. Mais je conviendrai volontiers que, dans la pratique, ces deux pouvoirs ne tarderoient pas à se confondre. Le premier entraîneroit bientôt le second; &, pour assurer la liberté des citoyens & la prospérité de l'Etat, le parti le plus sage est de limiter la puissance du souverain.

Mais, remarquez-le bien, quelque limitation que l'on apporte aux droits du sénat, dans une république, ou aux droits du roi, dans une monarchie, il faut néanmoins que l'un & l'autre participent à la législation; sans cela, le gouvernement ne sera ni aristocratique, ni monarchique. Si la France a formé une monarchie depuis son établissement jusqu'à nos jours, c'est que, depuis Pharamont jusqu'à Louis XVI, ses rois, loin d'être bornés au seul pouvoir exécutif, ont toujours rempli, avec plus ou moins d'étendue, les fonctions de la puissance législative (1).

En effet, il est impossible de supposer, dans un Etat, deux pouvoirs suprêmes; autrement l'Etat auroit deux souverains, ce qui répugne. Si donc le pouvoir législatif & le pouvoir exécutif se trouvent placés dans des mains différentes, il faut nécessairement que l'un des deux soit subordonné à l'autre; & sans contredit, c'est à la puissance législative que la supériorité sera dévolue: car celui qui fait les loix est au-dessus de celui qui les fait exécuter.

Dans cet ordre des choses, il est clair que le gouvernement de l'empire appartiendra ou au

---

(1) M. l'abbé de Mably, qui a vu l'histoire de France à travers les préjugés dont son livre *des Droits et des Devoirs du citoyen* est rempli, prétend que le gouvernement françois fut long-temps démocratique; que Clovis lui-même *n'étoit simplement qu'un général d'armée;* que la démocratie dégénéra d'abord en aristocratie, par l'usurpation des grands, puis en monarchie, par l'usurpation du prince. Mais afin d'imprimer cette tache sur la couronne de nos rois, il a pris, pour la démocratie, qui est le plus mauvais des gouvernemens, une monarchie tempérée, qui est le meilleur de tous. Je réfuterois aisément son systême, si cette réfutation entroit dans le plan de mon ouvrage.

Corps, ou au particulier revêtu de la puissance législative; il est clair que le Corps ou le particulier, dépositaire du pouvoir exécutif, ne sera que le commis du gouverneur suprême. Ce n'est pas l'intendant qui gouverne la maison; ce n'est pas l'huissier qui rend la justice. La maison est gouvernée par le maître dont l'intendant prend les ordres; la justice est rendue par le tribunal dont l'huissier exécute les arrêts.

La conservation de l'Etat & sa prospérité, tel est le but du gouvernement. Des loix bien faites & bien observées, tels sont les moyens qui y conduisent. On ne peut donc concevoir le gouvernement sans avoir l'idée de ces moyens, ni le pouvoir de gouverner sans le pouvoir de les mettre en usage. Voulez-vous donc avoir un gouvernement monarchique? Faites participer le monarque à la confection des loix, aussi bien qu'à leur exécution. Si c'est le roi qui gouverne, c'est donc lui qui doit répondre du salut de la nation. Mais comment pourra-t-il en répondre, s'il ne prend aucune part aux délibérations concernant l'utilité publique; s'il est étranger aux moyens que l'on emploie pour la procurer; s'il ne peut ni proposer des réglemens utiles, ni rejetter des réglemens pernicieux?

CHAPITRE IV.

Des députés ou représentans.

M. *Rousseau* insulte, dans l'un de ses ouvrages (1), les nations qui se donnent des représentans. Il étoit plus juste, lorsqu'il a dit, dans son discours sur l'Economie politique, « qu'il faut d'autant moins assembler toute la na- » tion à chaque événement imprévu, qu'il n'est » pas sûr que sa décision fut l'expression de la vo- » lonté générale; que ce moyen, d'ailleurs, est » impraticable dans un grand peuple ». Et si l'assemblée d'un grand peuple est impraticable, & s'il n'est pas sûr que sa décision fut toujours conforme à l'intérêt public, a-t-il rien de mieux à faire que d'envoyer à sa place des représentans?

La nature de leurs fonctions & de leur pouvoir est un grand sujet de disputes parmi les politiques. Peut-on fixer des limites à leurs mandats? Sont-ils comptables envers leurs com-

(1) Contrat Social, liv. 3, chap. 15.

mettans?

mettans ? Leur mission se borne-t-elle à porter les plaintes du peuple aux oreilles du prince ; ou peuvent-ils faire des loix de concert avec lui, ou même sans lui ? Pour résoudre ces questions, il faut recourir aux principes expliqués dans le chapitre précédent.

Les représentans jouissent de tous les droits que la nation pouvoit leur donner, & qu'elle leur a donnés en effet. Quel droit pouvoit-elle leur transmettre ? Tous ceux qu'elle s'est réservés par les loix constitutionelles de l'Etat. Quels droits leur a-t-elle transmis ? Tous ceux que leurs mandats expriment.

M. Rousseau (1) conseille de limiter les mandats ; il conseille encore d'assujettir les mandataires à rendre compte de leur conduite, lorsque leur commission est expirée. Ces précautions peuvent être sages, mais elles ne sont pas essentielles. Si la constitution attribue, à l'assemblée des représentans, un pouvoir indéfini, alors leur autorité est la même que l'autorité de la nation. Alors ils n'ont aucun compte à rendre, parce que la constitution les en dispense. Alors les clauses impératives

(1) Considérations sur le gouvernement de Pologne.

ajoutées à leurs mandats, seront telles que si elles n'étoient pas écrites, parce que la constitution les annulle.

Les politiques peuvent donc donner leurs idées sur le parti le plus avantageux : mais, quand ils disputent sur le droit, leurs systêmes sont déraisonnables : car le droit des représentans du peuple, n'est pas ce que disent les politiques, mais ce que le peuple a voulu.

Observons toutefois qu'avec tant de différence dans leurs pouvoirs, il est impossible que la forme du gouvernement soit la même. Pour juger de sa nature, dans le cas où le peuple a des représentans perpétuellement assemblés, il faut se rappeler ce que j'ai démontré ailleurs (1), que la souveraineté consiste dans la réunion de tous les pouvoirs ; qu'elle n'est point inaliénable ; enfin que la forme du gouvernement se détermine, non par l'exercice de la puissance exécutive, mais par l'exercice de la souveraineté elle-même.

D'abord, toutes les fois que les représentans de la nation partagent, avec son chef, ou tous les pouvoirs ensemble, ou seulement l'un d'entre eux, le gouvernement est *mixte*, comme il est

(1) Livre II, chapitre premier, et suiv.

mixte aussi dans tous les cas où le Roi ne jouit pas d'une *puissance absolue.*

Mais si l'autorité des représentans du peuple se borne à accepter les loix faites par le prince, si l'on suit cette maxime qui fut solemnellement décrétée sous l'empire de Charlemagne, *lex fit constitutione principis & consensu populi*, dans ce cas, l'autorité du monarque tient le premier rang, & par cette raison le gouvernement est monarchique.

Supposons, au contraire, que les loix soient faites par le Corps des représentans, & que le monarque soit réduit à la simple fonction de les accepter, ou de les suspendre : il ne jouit alors que d'une autorité subordonnée; le principal caractère de la puissance souveraine n'est pas dans ses mains : le gouvernement obtiendroit mal à propos le titre de monarchie.

Que sera-t-il donc dans cette hypothèse ? Il sera ou une démocratie, ou une aristocratie tempérées, selon que le pouvoir des représentans aura plus ou moins d'étendue. Lorsque leurs mandats sont limités, ils déclarent la volonté de la nation : ils exercent leur volonté propre, lorsque leurs mandats sont indéfinis. En restant soumis aux ordres que la nation leur a intimés, ils reconnoissent que sa puissance eſt au-deſſus de la leur : en effaçant les clauſes impératives qui reſtreignent leur pouvoir, ils uſent d'une autorité ſupérieure à l'autorité même de la nation qui les avoit écrites. Simples miniſtres dans le premier cas, ils deviennent ſouverains dans le ſecond. Dans l'un, le gouvernement tient principalement de la démocratie, & de l'ariſtocratie dans l'autre. Dans tous les deux, le prince jouit, en effet, de quelques attributs de la ſouveraineté : mais ſa portion eſt ſi inférieure à celle ou du peuple, ou de ſes repréſentans, qu'il y auroit de l'inconſéquence à déterminer par elle, la nature du gouvernement.

CHAPITRE V.

Comment se perpétue la convention entre l'État & le Souverain.

LE contrat qui détermine les obligations respectives de l'Etat & du souverain, fut stipulé, non point par les individus qui vivoient alors, mais par le corps moral qui résultoit de leur assemblage ; non point par le Roi, comme personne privée, & pour lui seul, mais au nom du trône où il montoit, & pour tous ceux que la convention primitive y appeloit après lui (1). Or quoique les individus meurent, le corps moral ne périt point. Quoique les rois changent, ils se succèdent sans interruption, en vertu du même titre, & le trône & la monarchie restent toujours les mêmes. La convention qui se fit originairement entre le souverain & l'Etat, est donc perpétuelle, comme les contractans dont

(1) « Les ancêtres de ceux qui sont à naître ont « stipulé pour eux ; ils ont reçu l'engagement du « peuple en leur faveur ». *Burlamaqui, Principes du Droit Politique*, chap. 5, §. 10.

elle est l'ouvrage. Elle oblige le peuple, tant qu'il n'est pas détruit; elle oblige le trône tant qu'il n'est pas renversé. Les siècles s'accumulent, & les rapports mutuels du peuple & du roi sont tels que le premier jour. Pour les connoître dans toute leur pureté, il faut toujours remonter au premier titre qui les forma : il faut y remonter tant qu'il reste des sujets appellés à la couronne, & qu'une révolution légitime n'a point changé l'ordre primitif des choses, substitué à l'ancien contrat un contrat nouveau, & prescrit une autre règle.

CHAPITRE VI.

De la Constitution & des Loix fondamentales.

» LA Constitution, dit Vatel, est le règlement » fondamental qui détermine la manière dont » l'autorité publique doit être exercée ; & les » lois fondamentales sont celles dont le con- » cours forme la constitution «. Celle-ci est donc aux autres, telle que le tout par rapport à ses parties. Ce qui concerne l'organisation du Corps politique, la nature du gouvernement, la puissance législative ou exécutive, les règles qu'elle doit suivre dans l'exercice de ses fonctions, forme le recueil des lois fondamentales ; & le recueil des lois fondamentales forme à son tour le code constitutionnel.

On renferme souvent les lois fondamentales dans la classe *des lois publiques*, sans doute parce qu'elles ont principalement en vue le bien de la société. Ce sont-là néanmoins deux espèces distinctes que l'on auroit tort de confondre. Elles n'ont ni le même auteur, ni la même nature ; elles ne sont pas soumises à la même autorité.

Les lois fondamentales constituent l'état ; les lois publiques le supposent constitué. Les premières sont faites par le corps politique de la nation ; les secondes, par le législateur ordinaire. Celles-là concernent l'existence du corps social ; celles-ci se rapportent à son bien-être. Les unes, lorsqu'elles sont saines, fortifient sa santé & prolongent sa vie ; les autres, lorsqu'elles sont bonnes, le rendent plus florissant & plus heureux. On ne peut, sans le dissoudre, altérer les lois fondamentales ; il reste toujours le même, quoique les lois publiques soient changées. Enfin, quand le corps politique délibère sur la forme du gouvernement, quand il prescrit des règles sur l'organisation, la distribution, l'exercice des différens pouvoirs, il établit les lois fondamentales ; quand le souverain donne des règlemens sur la discipline religieuse, sur l'administration de la justice, sur la composition de l'armée, sur l'impôt & les finances, il fait des lois publiques.

On a dit, de nos jours, que *toute société dans laquelle la séparation des pouvoirs n'est pas déterminée, n'a point de constitution :* c'est un paradoxe qui heurte la doctrine de tous les écrivains & l'usage de tous les peuples ; qui n'est propre qu'à porter dans tous les empires le germe de la révolution qui, depuis trois ans, ravage la France. En établissant le gouvernement sous lequel il veut vivre, le corps politique réunit ou sépare les pouvoirs, selon qu'il craint, ou que leur réunion ne soit dangereuse pour la liberté, ou que leur séparation ne soit funeste à l'ordre public. Lequel de ces deux partis est le plus sage? Les ennemis de l'autorité & les partisans de l'ordre donnent à ce problême une différente solution. Mais il est évident qu'avec des pouvoirs réunis, on aura une constitution excellente, si leur usage est tellement réglé par les lois fondamentales, que l'Etat soit à l'abri du pouvoir arbitraire.

CHAPITRE VII.

Comment peut-on connoître la Constitution & les Lois fondamentales d'un Etat?

HEUREUX les peuples dont les lois fondamentales sont déposées dans un code éternel, ou le souverain & les sujets peuvent lire, à chaque instant, leurs droits & leurs devoirs gravés en caractères ineffaçables! Lorsque la constitution est claire, comment ceux qui commandent, oseroient-ils la transgresser? Comment ceux qui doivent obéir, oseroient-ils former des projets de révolte, lorsqu'ils savent que l'autorité se conforme aux lois? Ce sont les doutes, soit réels ou affectés, sur quelques articles de la constitution, qui fournissent des prétextes aux entreprises du trône sur les droits du peuple, ou du peuple sur les prérogatives du trône. Les révolutions commencent par des controverses; la force les finit.

Mais parce que la constitution n'est pas écrite, prétendre qu'il n'y a point de constitution, c'est un égarement intolérable. Bohémer a raison de dire qu'il ne faut pas seulement placer au rang des lois fondamentales, celles qui établies par un pacte exprès, sont conservées par écrit, mais celles encore qui sont attestées par une ancienne tradition, & par un long usage (1). Les mêmes principes se trouvent dans Cumberland. » Comme la première origine de tous les Etats que nous connoissons, » est certainement d'une ancienneté à ne pouvoir être prouvée par le témoignage des personnes vivantes, il ne reste, dit-il, d'autre » moyen de savoir leur établissement & leur » constitution que par les anciennes lois & » les autres monumens conservés & approuvés » publiquement dans chaque état (2) «.

Ainsi, les lois antiques, les monumens de l'histoire, des coutumes invétérées, une tradition constante suppléent au défaut d'une charte où les lois fondamentales soient conservées.

---

(1) *Non tantum illa ad leges fundamentales referenda quæ expresso pacto stabilita, in scriptis conservantur, sed etiam quæ antiquitus constituta, per traditionem constantem ad posteros translata et usu constanti observata fuere, licet certa scriptura non constent.* Bohemer, *manud. ad jus public.* pag. 293.

(2) Cumberland, Lois de la Nature, *discours préliminaire*, pag. 31.

Ce n'eſt pas qu'on doive remonter juſqu'à l'établiſſement primitif des peuples : preſque toujours leur origine eſt enveloppée de ténèbres; & tout ce que l'on ſait de plus certain ſur leurs commencemens, c'eſt qu'alors guerriers & barbares, leur régime étoit de n'en avoir aucun. Il faut donc étudier le moment où après avoir poſé les armes & pris des mœurs, leur gouvernement acquit une forme déterminée, & l'on trouvera leur conſtitution dans l'exécution qu'elle a reçue.

Prenons la France pour exemple, & plaçons-nous à l'époque du mois de Mai 1789. Je dirai : nous n'avons point ni de bulle d'or, comme l'Allemagne, ni de *pacta conventa*, comme la Pologne, ni de grande-charte, comme l'Angleterre, &c. Mais n'avons-nous pas le recueil *des lois antiques*, les ordonnances des Rois de la première & de la ſeconde race, les récès des Etats-généraux tenus ſous la troiſième, un grand nombre d'excellens hiſtoriens ? N'avons-nous pas, ſur la forme du gouvernement, des traditions qui ſe ſont tranſmiſes d'âge en âge, & d'anciennes coutumes dont les traces ne ſont pas entièrement effacées ? Or ſi l'on conſulte, ſans prévention, ces titres, qui ne peuvent tromper, on ſaura que la conſtitution & les lois fondamentales de l'empire François, consistent dans les articles suivans :

1°. La religion catholique est la religion de l'Etat; les lois n'en protègent aucune autre.

2°. Le gouvernement est monarchique : mais le pouvoir du Roi n'est pas *absolu*; il est *limité*.

3°. La souveraineté toujours agnatique, héréditaire sous la première race, participant de l'hérédité & de l'élection sous la seconde, a formé un majorat sous la troisième.

4°. La nation est divisée en trois ordres distincts, celui du clergé, celui de la noblesse, celui du tiers-état ou des communes.

5°. Ces trois ordres s'assemblent à différentes époques, en états-généraux convoqués par le Roi, composés de trois chambres, formés par des représentans dont les mandats peuvent être impératifs, & qui sont comptables de leur conduite envers leurs commettans.

6°. La puissance législative appartient au Roi : mais nulle loi ne peut être en vigueur, sans avoir été consentie par la nation ou par ses représentans.

7°. Au Roi seul appartiennent aussi le pouvoir exécutif & le pouvoir judiciaire : mais ces deux pouvoirs ne peuvent être exercés que conformément aux lois.

8°. Le motif de l'immunité des fiefs n'exiſtant plus, celle du clergé & de pluſieurs offices ne pouvant être légitime, tout impôt doit être également réparti : mais nul impôt ne peut être perçu ſans avoir été accordé par les repréſentans de la nation, ſur la demande du Roi.

9°. Les parlemens, ſubrogés à l'ancienne *Cour-le-Roi*, ſont les dépoſitaires des lois & les miniſtres ſuprêmes de la juſtice. Quand les Etats-généraux ne ſont pas aſſemblés, ils en rempliſſent les fonctions. Alors conſéquemment ils ont le droit de vérifier les lois & les impôts.

Je pourrois ajouter quelques points moins importans, tels que l'inaliénabilité du domaine de la couronne, l'inamovibilité des officiers de magiſtratures, la réunion des domaines particuliers du prince au domaine public. Mais je ne parle pas des juſtices ſeigneuriales, ni des droits des fiefs : ces objets ſont du reſſort du droit civil, public ou privé, plutôt que du droit politique.

Cette conſtitution eſt la meilleure de toutes pour un empire tel que la France. Elle aſſure également la tranquillité publique, la liberté des citoyens, les droits de la propriété. Si elle étoit tombée dans l'oubli, il falloit en rappeller la mémoire. Si de grands abus avoient vicié plusieurs parties du gouvernement, il falloit les corriger.

Fin du quatrième Livre.

ÉLÉMENS DU DROIT POLITIQUE.

LIVRE V.

CHAPITRE PREMIER.

SUJET DE CE LIVRE.

IL est hors de doute qu'un peuple, qui, jusqu'alors, s'est gouverné lui-même, peut substituer à la démocratie un gouvernement aristocratique ou monarchique. Cette innovation ne

L

blesse point les intérêts d'un tiers. Chacun sait d'ailleurs, que, si la famille régnante vient à s'éteindre, la souveraineté, toute entière, rentre dans les mains du peuple, & qu'alors, il est libre au peuple, ou de la retenir, ou d'en disposer, de la manière qui lui paroît la plus avantageuse. Il est également certain que la nation, de concert avec le sénat ou le roi, a la liberté d'abolir sa constitution, & d'en établir une autre. Pourquoi les parties, qui ont fait le contrat, ne pourroient-elles pas en changer les clauses ?

Mais, le roi peut-il, comme suprême législateur, déroger aux loix fondamentales ? Les atteintes, qu'il leur auroit portées, deviennent-elles du moins légitimes par la prescription ? Le consentement tacite du peuple, qui les endure, leur donne-t-il une valeur qu'elles n'avoient pas dans le principe ? Chaque citoyen a-t-il le droit de se soulever contre une forme de gouvernement qui lui paroît mauvaise ? Est-il du moins permis à la nation de se donner, malgré son souverain, une constitution nouvelle ? Toutes ces questions, qui ont partagé les politiques, présenteront peu de difficultés, si on les discute sans prévention, & qu'on s'attache aux vrais principes.

CHAPITRE II.

Le roi ne peut pas changer les loix fondamentales.

Les loix civiles, qui ont pour objet immédiat le bien des particuliers, les loix publiques, qui concernent directement l'intérêt de l'Etat, sont soumises à la puissance du roi, dans les gouvernemens monarchiques, ou du sénat, dans les aristocratiques. Il les fait, les abroge, les change au gré de sa sagesse & des conjonctures.

Mais les loix fondamentales ne sont point de son ressort. Ce n'est pas lui qui les a dictées; il les a reçues lui-même de la nation; elles font partie du contrat qui lui a déféré la souveraineté, & lui imposent, par cette raison, des liens qu'il ne peut rompre.

Les loix fondamentales n'ont été faites que pour donner des bornes à l'autorité des rois. Elles sont des digues élevées contre les entreprises du pouvoir arbitraire, un rempart qui protége la liberté des individus & les droits du peuple. Si donc le prince entreprend d'y déroger, il veut étendre son autorité au-delà de ses limites, & s'approprier une partie des droits que la nation s'est réservés; alors, il devient un usurpateur, & il fait un acte non pas de souveraineté, mais de despotisme.

CHAPITRE III.

Que les entreprises du roi, sur les loix fondamentales, ne peuvent pas être légitimées par la prescription.

SI l'autorité, dédaignant toute mesure, franchissoit subitement ses limites, à l'instant l'opinion publique se souleveroit de toutes parts; la volonté générale s'exprimeroit avec énergie; la tyrannie intimidée renonceroit à ses projets, & la liberté publique seroit sauvée.

C'est contre les attaques sourdes & lentes que le peuple ne sait pas défendre ses droits. De légères usurpations échappent à ses regards distraits. Elles acquièrent, avec le temps, un accroissement insensible pour lui; elles ne le frappent enfin que par l'excès intolérable de leurs progrès. Alors, la prescription, qui, si souvent, enrichit un ravisseur des dépouilles du légitime propriétaire, aura-t-elle changé la constitution de l'État? ou bien la nation, armée d'antiques monumens, pourra-t-elle réclamer ses loix fondamentales? Elle le pourra sans doute.

Je ne dirai pas que la possession est inefficace, lorsqu'elle n'a pour fondement que l'artifice & l'abus d'autorité, d'une part, l'ignorance & la foiblesse de l'autre. Je ne rappellerai pas cet axiôme des jurisconsultes : *nul ne prescrit contre son titre.* Il est, en cette matière, des règles d'un ordre plus relevé.

Les loix politiques & les loix civiles diffèrent essentiellement, & dans leur origine, & dans leur objet. Les unes ont été prescrites par la nation au souverain qu'elle établissoit; les autres, aux sujets, par le souverain que la nation a établi. Celles-là se proposent d'assurer la liberté des citoyens; celles-ci, leur propriété; &, dès que le droit politique & le droit civil n'ont entr'eux aucun rapport, il seroit donc absurde de décider, par les principes de l'un des deux, les questions qui appartiennent exclusivement à l'autre. On a vu plus haut la règle tracée, à ce sujet, par M. de Montesquieu : *il ne faut pas décider par les règles du droit civil, quand il s'agit de décider par les règles du droit politique.* Or, il est évident que tout ce qui concerne la constitution de l'Etat fait partie du droit politique ; il est évident aussi que les loix qui traitent de la prescription, font partie du droit civil. C'en est assez pour détruire l'erreur des publicistes qui allèguent la prescription en faveur des rois, contre les peuples.

CHAPITRE IV.

Que les usurpations des princes ne peuvent pas être légitimées par le prétendu consentement tacite des peuples.

Pour légitimer les usurpations faites par l'autorité, au préjudice des loix fondamentales, on se prévaut encore du consentement tacite de la nation. Je ne crois pas qu'on puisse rien alléguer de plus déraisonnable. Souvent, le peuple ignore l'usurpation ; s'il la connoît, il peut la tolérer par crainte, par foiblesse, par indolence ; mais on ne doit pas présumer qu'il l'approuve. On ne présume pas qu'une nation renonce à ses prérogatives, qu'elle consente à une injustice manifeste, qu'elle abandonne sa constitution, & s'ennuie de sa liberté. Au moins, son consentement ne dureroit pas plus que son silence; &, pour recouvrer ses droits, elle n'auroit qu'à sortir de sa létargie.

Veut-on supposer toutefois un consentement libre & éclairé? Je dis qu'on ne doit pas l'étendre au-delà de son objet; qu'on ne doit pas en tirer des inductions qu'il n'avoit point en vue.

Une monarchie s'établit d'elle-même dans un peuple au berceau; elle prend une forme constante; elle se soutient sans violence comme sans réclamation: voilà des faits qui manifestent un consentement tacite; & ce consentement forme la constitution, parce qu'il ne peut avoir un autre but que celui de la former.

Le chef d'un peuple, dont la constitution est établie depuis long-temps, fait des loix qu'il n'a pas le droit de faire. Néanmoins le peuple les exécute; voilà encore des faits qui annoncent un consentement tacite. Mais, ce consentement ne déroge pas à la constitution, parce qu'il n'avoit pas pour but d'y déroger. Le peuple vouloit confirmer des loix qui étoient sans force, & leur donner, en les exécutant, l'autorité dont elles manquoient. Mais il ne vouloit pas revêtir celui qui les a faites sans pouvoir, du pouvoir d'en faire d'autres à l'avenir.

Il est donc vrai quelquefois, selon les termes de M. Rousseau, *que du silence universel on doit présumer le consentement tacite du peuple*; mais il est toujours faux que les usurpations, dont le gouvernement se rend coupable, puissent être autorisées à jamais par ce silence universel.

CHAPITRE V.

Chaque citoyen a-t-il le droit de se soulever contre la forme du gouvernement, lorsqu'il la juge vicieuse?

ON est révolté de l'excès où l'abbé de Mably (1) & ses prosélytes nombreux ont porté le délire, sur ce point du droit politique. Selon lui, non-seulement la nation, mais tout citoyen doit s'ériger en juge & du gouvernement & des loix. Si une loi lui paroît vicieuse, il doit travailler à la détruire; il doit employer tout son zèle, toutes ses forces, tout lui-même

(1) Droits et devoirs du citoyen.

à renverser l'ancien gouvernement, s'il en connoît un autre plus avantageux ; doctrine abominable qui n'est propre qu'à tourmenter les empires par de continuels bouleversemens.

Cette classe de citoyens, qu'on appelle le *peuple* (1), est sans doute la portion de l'Etat la plus précieuse ; elle en fait la richesse & la vigueur ; elle mérite tous les soins du gouvernement. Mais le peuple domine par le nombre ; & c'est lui qui se rendra le maître, toutes les fois que les liens de la subordination seront rompus ; & toutes les fois qu'il se rendra le maître, le trouble ravagera la société.

Pour apprendre à le connoître, qu'on interroge l'expérience de tous les temps. Avide de nouveautés, mécontent de son état, inquiet & jaloux, il voudroit toujours être autre chose que ce qu'il est. Avec l'intrigue, on le séduit ;

---

(1) Ce terme est équivoque : quelquefois, il renferme la collection de tous les hommes qui vivent dans un même pays, et sous les mêmes loix ; le *Peuple François*, par exemple : c'est dans ce sens que je l'ai employé jusqu'ici ; quelquefois, il ne signifie que la partie la moins considérable des habitans, par sa fortune, par son état, par sa naissance ; et c'est la signification que je lui donne dans ce chapitre.

avec les passions, on le gouverne; avec l'or, on le corrompt; il est ouvert de toute part à tous les genres de fraude. Ne respirant que l'indépendance, on le trouve toujours prêt à se soulever contre l'autorité légitime. Incapable d'acquérir une exacte notion des choses morales, il confond la liberté avec la licence, l'égalité avec le désordre, le bien avec le mal. Les sottises d'un charlatan le charment; les leçons d'un sage le rebutent. Montrez-lui le flambeau de la raison, il ne vous suivra pas; allumez les torches de l'anarchie, il accourra en foule. Ce n'est pas du droit de faire la loi qu'il est empressé, mais du droit de n'en point suivre; & s'il n'existoit point de puissance exécutive, il donneroit volontiers le pouvoir législatif à qui voudroit le prendre. Tel est le peuple.

Que l'on soit donc bien imbu des maximes de nos philosophes; que chaque citoyen se fasse un devoir de changer la forme du gouvernement, lorsqu'il en imagine une meilleure; que les mécontens, les ambitieux, les brouillons, cette vermine dont les empires sont toujours infectés, viennent ensuite échauffer le peuple par leurs écrits, le soulever par leurs manœuvres; alors, on vivra continuellement au milieu des factions, des tumultes, des mafsacrés ; l'anarchie deviendra l'état permanent de la société, & il vaudra mieux habiter avec les ours qu'avec les hommes.

Je sais que les philosophes rient de ces terreurs, vaines à leurs yeux. Ils trouvent des motifs de tranquillité dans la force de l'habitude. Ils jugent de l'avenir par le passé ; & comme l'histoire ne leur montre pas des peuples qui soient tombés dans l'anarchie, à force de changer la forme de leur gouvernement, ils ne craignent pas que le droit, que l'obligation de la changer, produisent jamais l'anarchie.

Les beaux raisonnemens ! Ils ne voient pas que, si des anciens peuples étoient attachés à leurs coutumes, c'est que la philosophie ne détruisoit pas en eux l'habitude de les respecter ; que si jamais l'instabilité du gouvernement n'a été la cause de l'anarchie, c'est que jamais on n'avoit fait à chaque citoyen un devoir de le détruire, lorsqu'il le juge vicieux. Faut-il s'étonner que nos philosophes ne trouvent pas, dans l'histoire, de fréquens exemples des maux dont leur doctrine doit être la source ?

Je sais encore qu'ils ont la prétention d'éclairer le peuple, de lui faire connoître ses devoirs en même temps que ses droits, de le contenir dans de justes bornes, ou de l'y ramener du moins, après l'en avoir fait sortir. Mais, cette prétention est la plus insigne de leurs folies. Socrate & Platon, Cicéron & Sénèque valoient bien, je crois, les sages de nos jours. Voyez ce que fut le peuple d'Athènes & de Rome, sous le règne de ces philosophes fameux. Voyez ce qu'il est en France, dans ce siècle si vanté pour ses lumières. Ce ne sont pas les écrits des philosophes qui donnent au peuple de la raison; c'est le pouvoir exécutif.

D'ailleurs, quand on a l'art de répandre sur les hommes l'esprit de modération & de justice, ne vaut-il pas mieux instruire ceux qui gouvernent, à bien user de leur pouvoir, que d'apprendre au peuple l'art de la révolte, sous prétexte qu'ils en usent mal? Philosophes, qui vous vantez de ce merveilleux talent, si vous n'êtes pas sûrs de votre secret, gardez-vous de soulever le peuple; vous feriez son malheur & celui du monde. Si vous en êtes assurés, essayez-le donc sur les rois, sur les grands. L'entreprise sera plus belle; elle sera plus utile, même au peuple: car, ce qu'il faut pour le rendre heureux, ce n'est pas qu'il gouverne, mais qu'il soit bien gouverné. Par le Contrat Social, chaque individu s'impose l'engagement d'être soumis à l'autorité que la nation a établie, que la nation reconnoît. Cet engagement forme la base de la société civile; elle ne peut exister, elle ne peut se concevoir sans cela. Ainsi, tant que la nation obéit, chaque individu doit obéir, à son exemple : vouloir juger l'autorité, c'est vouloir s'y soustraire.

Je ne puis mieux terminer ce chapitre, qu'en rapportant un beau passage de Vatel :

« S'il arrive qu'une nation soit mécontente » de l'administration publique, elle peut y » mettre ordre, & réformer le gouvernement. » Mais, prenez garde que je dis la *nation*; car » je suis loin de vouloir autoriser quelques » brouillons, ou quelques mécontens à trou» bler ceux qui gouvernent, en excitant des » murmures & des séditions. C'est uniquement » le Corps de la nation qui a droit de réprimer » des conducteurs qui abusent de leur pouvoir. » Quand la nation se taît & obéit, elle est » censée approuver la conduite des supérieurs; » ou, au moins, la trouver supportable; & » il n'appartient pas à un petit nombre de ci» toyens de mettre l'Etat en péril, sous pré» texte de le réformer (1) ».

(1) Traité du droit des gens, livre premier, chap. 3, §. 32.

Cette doctrine est aussi sage que les principes de l'abbé de Mably sont insensés.

CHAPITRE VI.

La nation ne peut pas changer, malgré le souverain, la forme du gouvernement.

J'AI retracé ailleurs (1) les maux que toute révolution entraîne à sa suite. Mais je n'ai parlé que du fait; il faut présentement examiner le point de droit.

D'abord, évitons les équivoques. Je ne conteste pas à la nation assemblée par elle-même, ou par ses représentans, le pouvoir de réformer le gouvernement, lorsque des abus s'y sont introduits; de ramener la constitution à sa pureté primitive, lorsque des taches l'ont souillée. Loin de lui disputer cette autorité incontestable, je l'ai reconnue plus d'une fois dans cet écrit; & si je le répète encore, c'est pour me prémunir contre l'abus que l'on pourroit faire de mes principes.

(1) Livre 2, chap. dernier.

Je demande donc si la nation a le droit absolu, non-seulement de réformer le gouvernement, mais de changer la constitution ? Si elle peut, sans l'autorité du prince qui la gouverne; si elle peut, par le seul effet de sa volonté, convertir un Etat monarchique en un Etat aristocratique ou populaire ? Non, elle ne jouit pas de cette autorité.

Je connois la distinction faite par quelques politiques entre la souveraineté *réelle*, qui ne sort jamais des mains de la nation, & la souveraineté *actuelle* qu'elle transmet au sénat ou au roi. Mais je n'y vois qu'un galimathias métaphysique où la raison se perd. Que veut-on dire avec cette souveraineté que le peuple transmet & conserve; avec ce souverain qui a un autre souverain au-dessus de lui; avec cette réunion d'idées incompatibles ? « Il est ridicule de pré» tendre, ce sont les termes de *Burlamaqui* (1), » que, même, après qu'un peuple a déféré la » souveraine autorité à un roi, il demeure » pourtant en possession de cette même auto» rité, supérieure au roi même ».

Aussi, M. Rousseau, rejettant cette distinc-

(1) Principes du Droit politique, chap. 7, §. 13.

tion contradictoire, a vu que, pour défendre la cause des peuples contre les rois, il falloit soutenir que la souveraineté est inaliénable, & qu'il ne se fait point de contrat entre le peuple & le prince. Vraiment, si ces principes étoient exacts, l'on ne pourroit nier les conséquences qu'il en déduit; savoir, que le peuple tient dans sa main la destinée des rois; qu'il peut, à son choix, ou les renverser du trône, ou permettre qu'ils y restent assis; qu'il lui est libre de changer la forme du gouvernement, comme au propriétaire, la forme de son héritage (1).

Mais, j'ai prouvé, d'une part, que la souveraineté n'est point inaliénable (2); & je ne crois pas que des doutes puissent obscurcir encore cette incontestable vérité. Or, si le peuple a transmis la puissance suprême, il n'est donc pas supérieur à ceux qui la possèdent. *Dès qu'un peuple a transféré son droit au souverain*, dit en-

(1) Contrat Social, liv. 3, chap. 16.

(2) C'est à regret que je suis forcé de répéter les mêmes principes, lorsqu'ils servent à résoudre des questions différentes, ou à réfuter de nouvelles erreurs. Ces redites sont moins ma faute que celle de la matière.

core

core Burlamaqui, *on ne sauroit supposer, sans contradiction, qu'il en reste le maître.* Et si le peuple n'est pas supérieur à ceux qui possèdent la puissance suprême, à quel titre, de quel droit pourroit-il les en dépouiller ?

J'ai prouvé, d'autre part, qu'il se fait une convention réciproque entre le peuple qui transfère la souveraineté & le prince qui la reçoit. Et si le prince est lié envers le souverain par une convention réciproque, il ne lui est donc pas permis de la rompre au gré de ses caprices. Quel contrat seroit celui-ci ? Nous promettons à vous & à vos descendans obéissance & fidélité ; mais nous serons désobéissans & infidèles, quand il nous plaira de l'être. Nous investissons de la souveraineté vous & les vôtres ; mais nous la reprendrons, quand il nous plaira de la reprendre.

Le mandant, dit-on, conserve la libre faculté de révoquer son mandat. Sans doute ; mais, quelle comparaison ! Est-ce que le mandat donne quelque pouvoir au mandataire sur la personne du commettant ? Ou si la nation ne confère aucune autorité sur elle au souverain qu'elle établit, ce souverain n'est donc pas un souverain ? ou si elle peut se jouer sans peine de l'autorité qu'elle lui a transmise, cette autorité n'est donc pas une autorité.

Je conçois bien qu'en conférant un pouvoir sur des tiers, on reste au-dessus de celui à qui on le confère. Tel est le roi, par rapport aux magistrats. Mai, celui qui établit quelqu'un au-dessus de soi, qui lui confère sur soi-même tout le pouvoir dont il étoit revêtu, qui se met enfin sous son autorité, n'est pas l'égal, bien moins encore le supérieur de la puissance à laquelle il s'est soumis; telle est la nation à l'égard de son roi. En politique, tout principe pernicieux est nécessairement un principe faux. Et combien n'est-il pas funeste, ce système, qui, ne faisant des rois que de simples ministres révocables à la volonté du peuple, prive les gouvernemens de cette stabilité qui en fait la force, & livre l'Etat à des convulsions inévitables & meurtrières !

M. Rousseau a été frappé de ces inconvéniens; &, pour les prévenir, il avertit « qu'il ne faut » jamais toucher au gouvernement établi, » que lorsqu'il devient incompatible avec le » bien public; .... qu'on ne sauroit, en pa» reil cas, observer avec trop de soin toutes » les formalités requises, pour distinguer un » acte régulier & légitime d'un tumulte sédi-

» tieux ; *& à la volonté de tout un peuple, des cla-*
» *meurs d'une faction* (1) ». Ce conseil est sage ; mais, comment se persuader qu'il sera religieusement suivi ?

Quand les nations savent qu'elles sont soumises à l'autorité qui les gouverne, elles n'entreprennent pas d'en secouer le joug. L'injustice d'un tel projet les en détourne autant que ses difficultés ; &, comme tout contribue alors à les retenir dans le devoir, les insurrections sont rares & faciles à réprimer.

Mais, quand on leur dit que les rois sont dans leur dépendance ; qu'elles peuvent les établir, les destituer au gré de leur fantaisie ; que de hardiesse l'on donne aux mécontens ! que d'espoir à l'ambition, que de matière à l'intrigue ! Il faut donc s'attendre alors à voir les empires continuellement troublés *par des tumultes séditieux*, *par les clameurs des factions* ; ou ne laisser sur la terre que des peuples sages, qui sachent régler l'exercice de leurs droits sur les maximes d'une saine politique ; user des plus dangereuses prérogatives, sans en abuser jamais ; respecter le trône, pouvant le renverser ; obéir

(1) Contrat Social, liv. 3, chap. 18.

à l'autorité, pouvant s'y soustraire ; resister à toutes les passions, étouffer toutes les voix séditieuses. . . . Mais alors, on n'aura plus besoin de gouvernement ; la sagesse du genre humain le conduira bien toute seule.

M. Rousseau a dit dans son *Discours sur l'origine & les fondemens de l'inégalité parmi les hommes*, « que les dissensions affreuses, les désordres in» finis qu'entraîneroit nécessairement ce dan» gereux pouvoir (le droit du peuple de re» noncer à la dépendance), montrent plus que » toute autre chose, combien les gouvernemens » humains avoient besoin d'une base plus solide » que la seule raison, & combien il étoit né» cessaire au repos public, que la volonté di» vine intervînt, pour donner à l'autorité sou» veraine un caractère sacré & inviolable, qui » ôtât aux sujets le funeste droit d'en disposer. » Quand la religion, ajoute-t-il, n'auroit fait » que ce bien aux hommes, c'en seroit assez » pour qu'ils dussent tous la chérir & l'adopter, » puisqu'elle épargne encore plus de sang que » le fanatisme n'en fait couler (1) ».

---

(1) Voilà une belle réponse aux chapitres 16 et 18 du troisième livre du *Contrat Social*, et au der-

Admirons la logique de nos docteurs modernes.

Le gouvernement, disent-ils, a été fondé par le peuple & pour lui. Le peuple conserve le droit de vouloir son bien & de le faire ; & ils infèrent de ces principes qu'il est permis au peuple de restreindre, à son gré, les pouvoirs du monarque, quand ce pouvoir lui paroît trop étendu, ou d'abolir la monarchie, quand la monarchie lui déplaît.

Je pourrois leur répondre, d'abord, que le roi fait partie du peuple, qu'il est le chef de la nation ; que son suffrage doit au moins être mis dans la balance ; que, d'ailleurs, le vœu du

---

nier chapitre du cinquième livre. Il faut lire, sur cette matière, le Discours prononcé par M. l'abbé Maury à la tribune de l'assemblée nationale, le 20 novembre 1790, au sujet de la souveraineté d'Avignon. « Toute cette doctrine insurgente, qui autorise et provoque l'indépendance, est un attentat » contre le peuple lui-même, parce qu'elle ne peut » engendrer dans le cœur des rois, que la méfiance, » le despotisme et la tyrannie ». En effet, le plus sûr moyen de prémunir le peuple contre les erreurs qui le flattent, c'est de lui montrer qu'elles sont contraires à ses intérêts.

peuple, s'il n'eſt pas impoſſible à connoître, ne peut, du moins, être connu ſans incertitude; que, dans les temps de trouble, les gens de bien ſont épars & muets, tandis que les hommes violens ſe raſſemblent & crient; qu'ainſi, l'on riſque toujours de confondre des clameurs ſéditieuſes avec la voix publique, & de prendre les fantaiſies de la multitude pour la volonté de la nation.

Mais, c'eſt leur propre doctrine que je veux leur oppoſer, & en tirer des conſéquences plus exactes que les leurs.

A quelle fin les rois ſont-ils élevés ſur les trônes? Pour maintenir la tranquillité publique, veiller à la sûreté des perſonnes, protéger les droits de la propriété, aſſurer l'empire des loix, rendre l'Etat floriſſant & heureux. Ce n'eſt pas pour eux qu'ils règnent; c'eſt pour leurs ſujets. Telles ſont les maximes des ennemis de la royauté, &, au moins une fois, leurs maximes ſont juſtes.

Le premier droit, ou plutôt le devoir le plus ſacré des rois, eſt donc de s'oppoſer à toute innovation contraire au bien public; & conſéquemment d'examiner ſi les changemens que l'on propoſe dans la conſtitution de l'Etat, ſont utiles ou préjudiciables; ſi le peuple ne court point à sa perte, sous prétexte de chercher son avantage; s'il n'est pas séduit par son inconstance, égaré par ses passions, trompé par des charlatans, entraîné par des factieux; s'il ne sert pas d'instrument, sans le savoir, à la fureur de quelques fanatiques, à la vengeance de quelques mécontens, à l'orgueil de quelques ambitieux, aux projets de quelques scélérats, aux complots de quelques conspirateurs.

Assurément, il pourroit se faire que le nouveau gouvernement qu'on voudroit élever sur les ruines de l'ancien, manquant de principes & d'ensemble, enchaînant la force publique, déposant l'autorité entre les mains de ceux qui ont le moins de lumières & le plus de passions, établît le règne de la licence & de l'anarchie, mît la nation sous le joug de la multitude, entraînât l'empire à une ruine certaine. Et le roi devroit le souffrir! & la puissance qu'il a reçue pour le salut du peuple disparoîtroit comme une ombre vaine, en présence des tyrans qui voudroient écraser la patrie sous les débris du trône renversé! Mais, quand les matelots conduisent le vaisseau sur des écueils, le pilote n'a-t-il pas le droit de s'opposer à cette manœuvre fatale? Quand un insensé va se jetter dans un précipice, son tuteur n'a-t-il pas le droit de le retenir? Ou les rois ne sont rien sur la terre; ou les révolutions ne peuvent être légitimes sans leur autorité.

CHAPITRE VII.

Explication d'un passage de Vatel.

TOUTEFOIS, on trouve dans *Vatel*, l'un des plus sages publicistes, un passage que l'on pourroit m'objecter, mais qui s'explique aisément. *Vatel* dit que, *si la nation se trouve mal de sa constitution, elle est en droit de la changer* (1).

Si l'on prenoit cette décision dans le sens qu'elle présente, lorsqu'elle est isolée, *Vatel* auroit donc, en cette matière, la même opinion que Rousseau; & il seroit fort étonnant qu'avec des principes si contraires, ces deux auteurs eussent été conduits à la même conséquence. *Rousseau* pensoit que la souveraineté est inaliénable: *Vatel* enseigne qu'elle peut s'aliéner. Selon *Rousseau*, l'institution du gouvernement n'est point un contrat; selon *Vatel*, le peuple

(1) Droit des gens, liv. premier, chap. 3, §. 33.

& le roi sont liés l'un envers l'autre par des engagemens sacrés. Le systême de *Rousseau* tombe avec les principes qui lui servent de fondement ; *Vatel* n'étoit pas assez inconséquent pour établir un systême contraire à ses propres principes.

Mais le texte, que je viens de transcrire, est tiré du chapitre III, où l'auteur traite de *la Constitution de l'Etat, des Droits & des Devoirs de la Nation à cet égard* ; & dans ce chapitre, il suppose que la nation n'ait point aliéné la puissance souveraine.

Il parle, dans le chapitre suivant, *du souverain & de ses obligations & de ses droits* ; & là, il établit (1) que la nation ne peut se soustraire à l'obéissance du souverain qui règne sur elle, que pour les causes dont je donnerai l'explication dans un moment (2). *Vatel* est donc loin de croire que la nation puisse changer, à son gré, la forme du gouvernement, lorsque la souveraineté est sortie de ses mains.

(1) §. 51.

2 Chap. 9, §. 2.

CHAPITRE VIII.

SUITE.

LE grand argument des républicains est de dire que la nation peut faire tout ce que son avantage exige. Ils concluent de-là que, si le changement de la constitution est avantageux pour elle, il lui est permis de la changer.

Vain prétexte, qui servira toujours de voile aux conspirations des novateurs! Quand ils voudront soulever le peuple contre le gouvernement établi, ils ne diront pas que des mécontentemens particuliers, qu'une ambition effrénée, que des vues criminelles les animent. Ils diront que c'est l'amour de la patrie qui les enflamme; que c'est le bien du peuple qu'ils desirent; que c'est pour sa liberté qu'ils travaillent; &, trompant la multitude par de fausses apparences, ils lui feront toujours accroire qu'une autre constitution vaudra mieux pour elle (1).

(1) *Cæterùm, libertas et speciosa nomina prætexuntur; nec quisquam alienum servitium et dominationem*

Ici, le temps est un grand maître, un maître bien plus sûr que les théories philosophiques & les opinions populaires. Ne dites pas comme *Needham* (1) ; *le peuple est le seul juge compétent de la protection que mérite, ou non, le gouvernement établi ;* mais, pour savoir si le gouvernement établi est bon ou mauvais, consultez l'expérience. Quand plusieurs siècles ont vu l'Etat croître & prospérer, à la faveur de son antique constitution, jamais le bien public ne peut exiger qu'on la renverse. Je suppose que le gouvernement monarchique l'ait rendu florissant & heureux ; qui me persuadera que le gouvernement populaire lui convient d'avantage ? Quel motif pourroit autoriser à faire le périlleux essai d'une nouvelle forme, qui n'auroit pour garant, que des émotions populaires, ou des spéculations philosophiques ? Qui osera préférer sa foible raison aux oracles prononcés par le temps ?

L'Etat, direz-vous, est déchu de son ancienne

---

sibi concupivit, ut non eadem ista vocabula usurparet. TACITE, *hist.*, *lib.* 4., *cap.* 73.

(1) *De l'excellence d'un Etat libre*, traduit de l'anglois par le chevalier d'Eon.

splendeur. Eh bien, ce n'est pas à sa constitution qu'il faut s'en prendre, mais aux altérations qu'elle a subies; &, ce que le bien public exige, dans ce cas, c'est qu'on repare l'édifice, & non pas qu'on le renverse. Le Corps Social a ses maladies; ne sait-on le guérir qu'en le déchirant? *Corrigez, s'il se peut, les abus de votre constitution*, disoit Rousseau aux Polonois; *mais ne méprisez pas celle qui vous a fait ce que vous êtes.*

CHAPITRE IX.

Du droit de résistance à l'oppression.

QUAND des factieux, usurpant l'autorité suprême, répandent dans l'Etat le trouble & la désolation, c'est un devoir pour les amis de la patrie, de voler à sa défense, & de la sauver. Mais, peut-on résister à l'autorité légitime, lorsqu'elle abuse de ses droits? Cette question, si délicate, peut être considérée, ou par rapport aux particuliers, ou par rapport à la nation.

PARAGRAPHE PREMIER.

Du droit de résistance, par rapport aux particuliers.

LE droit de résistance, envisagé sous ce point de vue, est de deux sortes : la résistance *passive*, qui consiste dans le refus d'obéir ; la résistance *active*, qui oppose la force à l'oppression.

Quant à la résistance *passive*, elle est quelquefois un devoir. Les rois, élevés au-dessus des mortels, sont soumis cependant aux loix de la nature, parce qu'ils sont hommes, & aux loix de Dieu, parce qu'il est le roi des rois. Si donc ils commandent ce que la loi naturelle ou la loi divine défendent, leurs ordres sont sans force, & le sujet qui les reçoit ne peut les exécuter sans crime. Ces braves gouverneurs, qui ne voulurent pas faire exécuter, dans leurs provinces, le massacre de la *Saint-Barthelemy*, ont acquis des droits éternels à la reconnoissance de tous les peuples policés.

En ce qui concerne la résistance *active*, elle est permise dans l'état de nature. Dans cet état, l'homme n'a que sa raison pour juge de ses droits ; il n'a que ſes forces perſonnelles pour ſe défendre contre l'injuſtice. Dans l'état civil, au contraire, c'eſt l'aſſiſtance des loix qu'il faut implorer contre l'abus de l'autorité ou de la force ; &, s'il eſt un citoyen que les loix abandonnent, il doit tenir une conduite qui le mette dans le cas de dire comme *Rouſſeau :* « j'ai pré-» féré l'exil perpétuel de ma patrie ; j'ai renoncé » à tout, même à l'eſpérance, plutôt que d'ex-» poſer la tranquillité publique (1) ».

On dira que l'homme, en entrant dans une ſociété civile, n'a pas renoncé au droit de veiller à ſa propre conſervation ; qu'il eſt dégagé du ſerment de fidélité envers un prince qui le perſécute ; que le prince oppreſſeur & le ſujet opprimé ne ſont que deux individus réunis l'un à l'égard de l'autre, dans l'état de nature. Mais, s'enſuit-il de-là que, ſous prétexte de l'oppreſſion, même la plus intolérable, la plus manifeſte, un ſujet puiſſe attaquer ſon prince à force ouverte, ou ſoulever contre lui la multitude, ou invoquer le ſecours des puiſſances étrangères ? Gardons-nous de le croire. Tout citoyen ſe doit à ſa patrie, bien plus qu'à lui-même ;

(1) Lettres de la Montagne, pag. 311.

&c; s'il ne peut ſauver ſes jours qu'aux dépens de la paix publique, il n'a plus qu'à mourir. Le Contrat Social lui impoſe ce devoir rigoureux, mais ſacré (1).

Le Peuple Romain exerça envers Coriolan une vexation inouie. Le connétable de Bourbon fut perſécuté par François Ier, à l'inſtigation de la Reine-Mère ; le grand Condé, après avoir ſauvé la France, fut réduit au déſeſpoir par la tyrannie d'un miniſtre étranger. Chaque ſiècle a vu de grands hommes opprimés par l'injuſtice

---

(1) « Que s'il n'y a pas moyen, pour lui, de se » sauver, il ſaut qu'il se résolve à mourir plutôt que » de tuer ; non pas tant par respect pour la personne » même du prince, qu'à cause de tout l'Etat, qui, » en ces sortes d'occasions, est ordinairement exposé » à de grands troubles » ; *Puffendorf, Droit de la nature et des gens*, liv. 7, chap. 8, § 5.

Au surplus, il est beaucoup d'auteurs qui accordent, même aux particuliers, le droit de résistance *active ;* entr'autres, *Barbeyrac*, dans plusieurs de ses notes sur *Grotius* et *Puffendorf*. Heureusement, les circonstances où ils autorisent un sujet à sauver ses jours aux dépens des jours de son roi, ne se rencontreront jamais. C'étoit beaucoup trop néanmoins de dire qu'elles peuvent se rencontrer. Une telle doctrine n'est propre qu'à enfanter des régicides.

des rois, ou de ceux qui les trompent. Coriolan, le connétable de Bourbon, le grand Condé, tous ceux qui, à leur exemple, se sont livrés à des projets de vengeance, ont encouru le blâme de l'Univers. Et faut-il que l'Etat soit en deuil ou que l'Etat soit troublé, pour l'injure & les torts faits à des particuliers ?

§. II.

Du droit de résistance à l'égard du Corps de la nation.

JE ne prétends pas cependant que la nation ne puisse jamais se soulever contre l'autorité qu'elle avoit établie, & renverser du trône le souverain qu'elle y avoit placé. Je dis seulement que ce droit n'est pas indéfini ; je dis que, rarement légitime, toujours dangereux, un peuple doit trembler, lorsqu'il se résout à en faire usage.

D'abord, les erreurs ou les fautes du monarque, ses vices même, ou son incapacité, des abus d'autorité ou des injustices particulières, n'autorisent pas la révolte. Quand la nation

tion préféra le paisible gouvernement d'un monarque aux tumultes du gouvernement populaire, elle prévit, sans doute, qu'elle auroit, plus d'une fois, des abus à souffrir. Quand elle préféra le hasard de la monarchie héréditaire aux troubles inséparables des monarchies électives, elle ne dut pas compter sur une suite continuelle de bons rois. Si l'on veut que l'autorité soit toujours juste & sage, il ne faut pas la laisser entre les mains des hommes. Si l'on veut que le trône soit toujours rempli par des princes sans défaut, il ne faut y placer que des anges.

Quand est-ce donc qu'il sera permis au peuple de résister à l'autorité & de détrôner son roi? Remontons, pour le savoir, à cet acte célèbre qui transmit la souveraineté des mains du peuple dans les mains du roi. Il se fit alors, ainsi que je l'ai observé, un transport mutuel de droits & d'obligations. Le peuple promit d'être fidèle; le prince s'obligea de soigner l'empire. Si donc celui-ci viole ses engagemens, l'autre se trouve délivré des siens. La justice contraint un particulier à l'accomplissement de ses promesses; mais il n'est point de force coactive contre les souverains. Il faut donc que la convention reciproque qui les oblige envers l'Etat, & oblige l'Etat envers eux, soit dissoute, lorsqu'ils la transgressent ; & qu'ils perdent leur autorité, lorsqu'ils déchirent le titre qui la produisoit.

Il s'ensuit de-là que si le roi jouit d'une puissance *absolue*, mais qu'il la fasse servir à la ruine de l'Etat, il en est déchu : il s'ensuit encore que si le roi n'a reçu qu'une puissance *limitée*, mais qu'il arrache les bornes qui la circonscrivoient, il en est déchu de même. Jamais la souveraineté ne lui a été transmise que sous des conditions plus ou moins sévères, dont l'infraction opère nécessairement la résolution de son titre, & la perte de ses droits.

Volf, & d'autres publicistes réduisent cette doctrine à un seul cas : celui où, par la formule de son serment, le souverain a consenti qu'on lui refusât toute obéissance, s'il venoit à mépriser ses devoirs. Ils se trompent. Cette condition est sous-entendue, lorsqu'elle n'est pas exprimée, parce qu'elle dérive de la nature même des choses, de l'intention manifeste des contractans. S'il existoit un souverain qui pût impunément opprimer la nation, il seroit un despote ; & jamais le despotisme ne peut être une légitime autorité.

Ainsi, que le prince ait un pouvoir absolu

ou limité ; qu'une condition résolutive soit ajoutée au contrat fait entre le peuple & lui, ou qu'elle y soit omise ; s'il devient un tyran, il abdique la couronne. Ce n'est pas le peuple qui la lui reprend ; c'est lui-même qui la dépose.

Tels sont les principes que l'Angleterre a consacrés dans sa fameuse déclaration contre le roi Jacques. Le parlement déclara « que le roi » Jacques II s'étant efforcé de bouleverser la » constitution du royaume, en rompant le » pacte primordial entre le roi & le peuple, & » qu'ayant violé les loix fondamentales, il a » abdiqué le gouvernement, & que, par-là, le » trône est devenu vacant ».

Tels sont aussi les principes de *Vatel* (1). » Le » prince, dit cet auteur, dès qu'il a attaqué la » constitution de l'Etat, rompt le contrat qui » lioit le peuple à lui. . . . . Lorsqu'il viole les » loix fondamentales, lorsqu'il attaque les li» bertés & les droits des sujets ; ou, *s'il est ab-* » *solu*, lorsque son gouvernement tend *manifes-* » *tement* à la ruine de la nation, elle peut lui » résister, & se soustraire à son obéissance (2) ».

---

(1) Droit des gens, liv. I, chap. 4, §. 51.

(2) Ce passage de Vatel prouve clairement ce que

Grotius, *Puffendorf*, *Barclay*, tous les publiciſtes connus par leur attachement à la royauté, ſans être toutefois voués au deſpotiſme, ont profeſſé les mêmes maximes.

---

j'ai dit plus haut; que, selon l'avis de cet auteur, le peuple n'a pas le droit de changer, quand il lui plaît, la forme du gouvernement monarchique. Si, en effet, le prince ne perd son autorité que *lorsqu'il viole les loix fondamentales*, etc, il la conserve tant qu'il ne les a pas violées; et, s'il la conserve, la nation qui lui est soumise, ne peut donc pas en secouer le joug, sous prétexte qu'elle veut choisir un gouvernement plus avantageux.

CHAPITRE X.

SUITE.

MAIS, qui sera juge entre le peuple & son roi? Quand il s'agira de savoir si les actes du souverain sont tellement injustes, tellement oppressifs, que l'insurrection devienne légitime, qui prononcera sur cette grande question?

Il seroit absurde d'attendre que le roi se déclarât lui-même tyran de la nation & privé de la couronne; ce n'est donc pas à lui que le jugement doit être réservé.

Sydney (1) veut que la cause soit portée au tribunal du peuple, par la raison que le peuple ayant établi les rois, il a le droit d'examiner si les conditions qu'il leur a prescrites, sont remplies ou violées. Mais, c'est supposer que le peuple retient la souveraineté; & *Sydney* avoue cependant que le peuple, lorsqu'il se donne un roi, lui transmet la puissance suprême. C'est sup-

(1) Discours sur le gouvernement, tome premier, chap. premier, sat. 6, pag. 47 et suiv.

poser encore que l'un des contractans peut être l'arbitre des droits de l'autre, le juge des obligations respéctives que le contrat produit, le maître de la dissoudre à son gré; c'est supposer de plus, que le peuple, toujours assez éclairé pour se préserver de l'erreur, toujours assez sage pour se prémunir contre les passions, ne portera jamais que des jugemens équitables. Exiger des causes pour autoriser le peuple à se soulever contre l'autorité, & laisser au peuple le droit indéfini de prononcer sur les causes qu'on exige, c'est une contradiction palpable.

Jusqu'à ce que l'auguste tribunal, dont l'abbé de Saint-Pierre a donné le projet, soit établi; jusqu'à ce que les peuples & les rois aient confié à des arbitres la décision des différends qui s'élèvent entr'eux, c'est l'évidence que l'on doit prendre pour juge.

Dans les cas douteux, il faut croire que le souverain a raison. Cette règle est conforme à la justice. Si, en effet, le jugement des cas douteux appartenoit au peuple, le souverain seroit soumis à ses sujets. Cette règle est prescrite par le bien public. Que deviendroient, en effet, le repos des citoyens, l'ordre de la société, si, chaque jour, la multitude vouloit juger ceux qui la gouvernent?

Mais, lorsque la destruction des loix fondamentales est si claire, qu'elle saute à tous les yeux, si constante, qu'elle entraîne tous les suffrages; lorsque, pour me servir des termes de *Barbeyrac* (1), *la tyrannie du prince est notoire & de la dernière évidence, en sorte que personne n'en puisse plus douter*, la cause est alors jugée par la certitude, par l'évidence du fait. Alors, chacun voit que le prince est devenu l'ennemi de la nation, & qu'il s'est mis avec elle dans un état de guerre. Elle peut lui résister alors, &, si elle est la plus forte, se délivrer d'un tyran qui cherche à la détruire.

Peuples, voilà vos droits; mais gardez-vous d'en abuser : sachez qu'il vaut mieux souffrir des maux tolérables, que d'y chercher un remède dans la rébellion. Les mauvais règnes sont passagers comme les orages; & comme eux, ils font place à des jours calmes & sereins. Mais, un monarque ne peut tomber du haut de son trône sans ébranler, par sa chûte, jusqu'aux fondemens de l'Etat; & il est impossible de prévoir si l'Etat ne sera pas renversé avec lui.

(1) Sur *Puffendorf*, liv. 7, chap. 8, §. 6, note I.

CHAPITRE XI.

SUITE.

LORSQU'IL arrive que le roi est déchu de la couronne, le peuple, en la lui ôtant, n'a pas le droit ni de la transporter dans une autre famille, ni de substituer au gouvernement monarchique un autre gouvernement. Le roi, qui régnoit, n'existe plus; mais ses successeurs sont appelés par la convention primitive; &, s'il l'a rompue par rapport à lui, il n'a pu la dissoudre par rapport à eux. Le père étoit coupable; les enfans sont innocens. Le droit de l'un est anéanti; le droit des autres est intact. L'abdication volontaire ou forcée du possesseur actuel d'un *fidei-commis* ne préjudicie point aux *fidei-commissaires* qui doivent le recueillir dans la suite.

Le parlement d'Angleterre se trompa, lorsque, dans la déclaration contre le roi *Jacques*, il ajouta cette clause: *& que par-là, le trône est devenu vacant.* La branche catholique de la maison régnante étoit exclue du trône par la constitution; le parlement pouvoit le déclarer. Il pouvoit déclarer encore que la succession étoit ouverte en faveur de la branche *protestante*; mais dire que le trône étoit vacant, c'étoit une erreur. Il ne l'est point, tant qu'il existe des sujets que la constitution y appelle.

Qu'on ne m'oppose point cette grande maxime : *salus populi suprema lex esto*. Comment prouvera-t-on que le salut du peuple exige qu'on exclue de la couronne toute la famille d'un roi qui n'étoit pas digne de la porter, ou qu'on éteigne la monarchie, parce que celui qui la possédoit a mérité de la perdre ?

Qu'on ne dise pas non plus, à l'exemple de *Burnet*, que les descendans du roi détrôné voudront venger l'injure faite à leur père. Ils s'instruiront plutôt à l'école de ses malheurs; ou du-moins, un danger imaginaire n'est pas une raison pour les dépouiller de leurs droits.

Je sais que les peuples sont rarement justes envers la postérité d'un monarque coupable, & que les troubles d'une révolution, tantôt amènent un nouveau gouvernement, tantôt une nouvelle dynastie; mais les injustices particulières ne changent pas les règles générales du droit.

Ce n'est pas à dire que les princes de la nouvelle dynastie doivent être regardés comme d'injustes possesseurs. A Dieu ne plaise que je profère jamais ce blasphême horrible ! Un nouveau contrat se forme entre la nation qui détrône son roi & le prince étranger à qui elle défère la couronne. Ses successeurs sont donc appelés, comme il le fut lui-même, par la volonté du peuple ; & lorsque le temps & les conjonctures font juger que la famille de l'ancien roi, dégoûtée de ses inutiles prétentions, prend le parti sage d'y renoncer, la maison qui tient sa place règne justement, & rien ne manque à la légitimité de son titre (1).

Tels sont donc les principes qui m'ont paru les plus vrais, les plus généralement adoptés, les plus propres à maintenir la tranquillité publique, à faire prospérer les Etats. La nation a le droit de réformer le gouvernement, mais non pas de le changer, parce qu'elle ne peut pas dissoudre, par sa volonté seule, le contrat légitime qui la lie envers le souverain. Si cependant le souverain rompt lui-même cette convention, en violant les devoirs qu'elle lui impose, il abdique ses droits, & la nation peut déclarer qu'il en est déchu. Mais, avant de se porter à cette extrémité dangereuse, elle doit

(1) Voyez *Puffendorf*, *Droit de la nature et des gens*, liv. 7, chap. 7, §. 4, et chap. 8, §. 10.

attendre que la nécessité l'y contraigne, & que l'évidence l'y autorise.

Cette doctrine a tous les avantages de la doctrine de *Rousseau*, sans en avoir les inconvéniens funestes. Comme lui, je prémunis les peuples contre la tyrannie: mais il livre les rois au caprice de la multitude; moi, je ne les soumets qu'à des règles sages. Il laisse à la discrétion du peuple, une arme souvent meurtrière pour celui qui l'emploie; moi, je l'ôte de ses mains pour la lui rendre, lorsqu'il est forcé d'en faire usage. Que l'on examine lequel de ces deux systêmes est le plus utile à la société; & l'on verra, pour lors, lequel des deux est le plus juste.

CHAPITRE XII.

Comment la nation doit-elle procéder au changement de la constitution, ou à la réforme des abus ?

SELON *Vatel* (1), « la nation peut changer » sa constitution, *à la pluralité des suffrages* ». C'est une suite naturelle du Contrat Social, qui soumet tous les membres à la volonté du Corps ; & cette règle est la même, lorsqu'il s'agit de réformer les abus du gouvernement, lorsqu'il s'agit encore de résister à l'autorité devenue tyrannique.

Mais, après ce que j'ai dit dans les chapitres précédens, il est facile de voir comment elle doit être entendue, en ce qui concerne le changement de la constitution.

Il faut supposer d'abord que le cas se rencontre où la constitution peut être changée ; c'est-à-dire, que la nation ait conservé jusqu'alors la puissance suprême ; ou que la souveraineté, aliénée autrefois, soit rentrée en

(1) Livre I, chap. 3, §. 33.

son pouvoir, ou que les changemens faits à la constitution ne nuisent point aux droits légitimes du monarque qu'elle a établi ; ou enfin, que le monarque y consente : autrement, le changement de la constitution seroit une injustice politique.

Il faut supposer encore que l'on respecte les propriétés. L'association civile n'avoit d'autre but, les individus, qui l'ont formée, n'avoient d'autre intention que d'assurer à tous la paisible jouissance de leurs droits. En dépouiller une partie des citoyens, malgré eux, ce seroit donc enfreindre, à leur égard, le Contrat Social ; & le Corps politique doit, par-dessus tout, être juste envers ses membres ; autrement il n'y a point de société. *Le bien public*, dit M. de Montesquieu (1), *est que chacun conserve invariablement la propriété que lui donnent les loix civiles.*

Telle est aussi la pensée de *Vatel.* « Toutes les » fois, dit-il, qu'il n'y aura rien dans le changement de la constitution que l'on puisse regarder comme contraire à l'acte d'association » civile, à l'intention de ceux qui se sont unis, » tous seront tenus de se conformer à la résolution du plus grand nombre (1) ».

(1) *Hoc sup. cit.*

Les changemens que l'on projètte tendent-ils donc à priver ou quelques individus, ou une classe entière de citoyens, des droits légitimes que l'ancienne constitution leur avoit assurés ? Ces changemens ne peuvent se faire sans le consentement de ceux que l'on dépouille ; & ce que je dis des particuliers, on doit l'entendre des Corps qui se sont établis dans l'Etat, sous la foi de l'autorité publique. Les Corps moraux représentent des personnes individuelles. Comme les individus, ils sont capables de propriété ; & leur propriété mérite également la protection des loix. Les droits des Corps & ceux des particuliers ne sont pas d'une nature différente.

Qu'on ne dise pas que, s'il est des citoyens à qui le changement de la constitution déplaît, il leur est libre de vendre leurs terres & de s'en aller. Rien de plus juste, dans le cas où une nation qui, ayant conservé, jusqu'alors, le pouvoir souverain, voudroit l'aliéner en faveur d'un sénat ou d'un monarque. L'intention du gouvernement monarchique est une suite du Contrat Social, ainsi que je l'ai prouvé ailleurs (1). Ceux des citoyens qui s'opposent à

(1) Livre 2, chap. 8.

ſon établiſſement, contre le vœu du plus grand nombre, peuvent donc le fuir, & non pas l'empêcher.

Mais, je parle de la propriété légitimement acquiſe aux différens membres de l'Etat. Et l'on veut que le Corps politique leur tienne ce diſcours: « Je confiſque vos droits, parce qu'ils » ſont incompatibles avec le nouveau gouver» nement que je veux former; cherchez une » autre patrie, ſi vous n'êtes pas contens ». Cet argument ſeroit celui d'un deſpote. Que penſeroit-on d'une compagnie d'aſſociés qui diroit à un de ſes membres: *je prends ta part, & je te chaſſe?*

CHAPITRE XIII.

Comment doit se former la pluralité des suffrages ?

DÉJA, j'ai touché cette question dans le premier livre (1). Le moment est venu de l'examiner avec plus de soin.

S'il s'agit d'un Etat où tous les citoyens ne composent qu'une seule classe ; ou, si tel est l'antique usage de la nation, que le droit de suffrage soit égal entre tous les citoyens, quoique formant des classes différentes, alors, ils s'assembleront en commun ; ils opineront par tête, & le plus grand nombre des voix formera la délibération.

Que si la constitution primitive avoit établi un autre ordre, on ne pourroit le changer qu'en suivant l'ordre établi. Tout ce qui se feroit contre cet ordre, seroit *inconstitutionnel ;* & l'on avouera sans doute qu'un acte *inconstitutionnel* est incapable de changer la constitution. Je suppose que le peuple soit divisé en différentes centuries,

(1) Chap. 9.

en

en différens ordres. Je ſuppoſe que, depuis ſon établiſſement, il ait tenu ſes aſſemblées, non pas en commun, mais par ordres ou par centuries; il faudra, pour lors, que les centuries ou les ordres, aſſemblés ſelon la forme ancienne, décrètent le changement de la conſtitution, ou la réforme des abus.

Il ſera du moins néceſſaire, ou que les ordres ſe réuniſſent enſuite d'une délibération priſe par chacun d'eux; car alors, ils auroient changé d'une manière légale, l'article de la conſtitution qui les ſéparoit; ou que leur réunion ait été la ſuite, ſinon d'un décret formellement prononcé, du moins, d'un mouvement libre & volontaire: car ce mouvement *libre* & *volontaire* auroit la même force qu'un décret poſitif.

L'évidence de ces principes doit frapper tous les eſprits que la prévention n'a pas faſcinés. Dans l'hypothèſe, en effet, de la diſtinction des ordres, chaque ordre a le droit de s'aſſembler ſéparément, & non pas en commun; de voter par ordre, & non par tête: il en a le droit, puiſque la conſtitution le lui donne. Et qui pourra dépouiller l'un d'entr'eux de ce droit qu'il tient de la conſtitution? Sera-ce la volonté des autres? Non aſſurément; car les autres ordres, ſéparés de lui ou ligués contre lui, ne forment pas la nation, ne peuvent pas exprimer la volonté générale. Sera-ce la force ? Mais si la force peut jamais disposer du droit, que deviendra donc la société civile, elle dont la fin principale est de défendre le droit contre la force ?

Si l'on dit que celui des ordres qui prévaut par le nombre doit représenter la nation & faire la loi, on dira une absurdité ; & il seroit inutile que je la réfutasse. Ce n'est pas avec les armes de la raison que l'on combat la mauvaise foi ; & nul homme de bonne foi ne pensera qu'une partie de la nation est la nation entière ; qu'un ordre peut déroger aux droits des autres ordres.

On dira plutôt que les ordres étant séparés, chacun d'eux tiendra obstinément aux abus qui le favorisent, & que, dans cet état des choses, les maux qui affligent l'Etat seront impossibles à guérir.

Mais, si l'on veut supposer l'injustice, n'est-elle pas également à craindre, soit dans la confusion des ordres, soit dans leur division ? En séparant les ordres, il peut se faire que celui qui s'est attribué des privilèges abusifs veuille les conserver. En les réunissant, il peut se faire aussi que celui qui est le plus nombreux veuille enlever aux autres des droits qui leur ſont légitimement acquis. La majorité des ſuffrages le rendra maître des délibérations ; & ſon intérêt ne lui dictera-t-il pas des ſuffrages contraires à la juſtice ? On ne doit pas s'attendre à des jugemens très-équitables de la part de celui qui eſt en même temps juge & partie.

Que les ordres reſtent donc ſéparés ou qu'ils ſe réuniſſent, on verra de part & d'autre des inconvéniens, ſi la paſſion les gouverne ; & lorſque deux partis contraires préſentent les mêmes inconvéniens, lequel des deux faut-il prendre ? Ce n'eſt pas une queſtion. La préférence eſt due à celui que la conſtitution a établi, & que la poſſeſſion a confirmé. *Telle eſt l'antique conſtitution*, diſoit *Rouſſeau* (1).

Qu'arrivera-t-il donc ſi l'un des ordres, ſourd à la voix de la juſtice & de la raiſon, refuſe d'abandonner des privilèges, ou qui viennent de l'uſurpation, ou dont la cauſe n'exiſte plus, ou qui ſont oppreſſifs pour les autres citoyens ? C'eſt alors que l'uſage de la force deviendra légitime. L'iniquité manifeſte de l'un des ordres rompt, à ſon égard, le Contrat Social ; elle le remet dans l'état de nature, &, dans cet état,

(1) Gouvernement de Pologne.

c'eſt par la force qu'on obtient juſtice. Mais, remarquons bien qu'il n'eſt permis de recourir à la force qu'après avoir embraſſé, ſans ſuccès, toutes les autres voies; & que, ſi l'on peut exiger qu'un ordre de l'Etat renonce à des abus, on ne peut pas le contraindre d'abdiquer des droits.

CHAPITRE XIV.

Des Conventions Nationales.

LORSQUE le vaiſſeau battu par la tempête, eſt abandonné par le pilote, tout l'équipage court au gouvernail; lorſque le pilote dirige le bâtiment vers *Alger* ou *Tunis*, tout l'équipage ſe ſoulève : voilà l'image d'une convention nationale. *Elle eſt*, dit M. *Hume*, *un parlement aſſemblé ſans les formalités ordinaires* (1); & l'on peut s'en rapporter à lui; car, c'eſt des Anglois que nous eſt venu ce terme, inconnu en France juſqu'à 1789, & ſi ſouvent répété depuis lors. Ainſi, lorſque la nation s'aſſemble de ſon propre mouvement, ſans aucune convocation, ou lorſ-

(1) Hiſtoire des Stuard, tom. 3, pag. 449.

qu'elle se réunit à la voix d'une autre autorité que de l'autorité légitime, elle forme une *convention nationale*.

Ces assemblées, considérées en elles-mêmes, paroissent séditieuses, puisqu'elles sont contraires aux loix. Aussi, ne peuvent-elles avoir lieu que dans des temps d'orage & de crise, où la nation, sur le penchant de sa perte, obéit à la nécessité.

Si le roi laisse tomber les rênes du gouvernement, & livre l'Etat à lui-même; si, par une conduite tyrannique, il opprime ses sujets, & que, foulant aux pieds les loix fondamentales, il veuille s'ériger en despote absolu; toutes les fois, enfin, que l'Etat est mis en danger, ou par la foiblesse, ou par la tyrannie de ceux qui le gouvernent, c'est le cas d'une *convention nationale*.

C'est dans ces assemblées, rares, mais terribles, que la nation déploie toute la plénitude de sa puissance: c'est-là qu'elle fait usage, dans toute leur étendue, des droits que les loix fondamentales lui ont réservés. Elle peut alors réformer les abus, chasser un usurpateur, faire rentrer, dans ses bornes, l'autorité qui en est sortie; déclarer l'abdication du légitime souverain, lorsque cette abdication résulte de sa conduite ; apporter à la constitution tous les changemens qui n'attentent point à la propriété, ni des différens particuliers, ni des différens ordres de l'Etat.

Ce ne sont pas des sauvages, sortis du sein des bois, qui forment une convention nationale. Toute convention nationale, (ce titre seul le prouve suffisamment) est l'assemblée d'une nation déjà organisée. Son objet est donc de resserrer les liens du Contrat Social, & non pas de les rompre ; d'assurer les droits du peuple, & non pas de détruire les prérogatives du trône ; de maintenir les propriétés, & non pas de les envahir. Son pouvoir enfin, n'a d'autres limites que celles qui lui sont fixées par le Contrat Social, & par la convention faite autrefois entre la nation & son souverain ; mais elle ne peut franchir ces limites que par l'abus de la force & la violation du droit.

CHAPITRE XV.

SUITE.

MAIS, les grands peuples étant dans l'impuissance de délibérer en personne, envoient des représentans pour délibérer à leur place : ces représentans ont-ils l'exercice de tous les droits que je viens d'attribuer aux conventions nationales ? Pour résoudre cette question, il suffit de se rappeler les principes que j'ai retracés ailleurs (1).

Si les loix fondamentales donnent aux représentans un pouvoir absolu, ils en jouissent alors, & la souveraineté réside sur leurs têtes.

S'ils sont nommés *par une convention nationale*, ils en ont tous les droits ; &, ce qu'elle pourroit faire, ils le peuvent aussi.

Ces deux cas exceptés, les représentans ne forment plus *qu'un Corps législatif*, & *Vatel* décide avec raison « que les loix fondamentales » doivent être sacrées pour eux, *à moins que la* » *nation ne leur ait donné très-expressément le droit* » *de les changer* (2) ». *Vatel* établit solidement la vérité de cette décision. Moi, je me dispenserai d'en donner des preuves. On ne prouve pas l'évidence.

Je suppose donc un Etat où les représentans n'ayant jamais été que les porteurs *des doléances* du peuple, la constitution ne les érige pas en souverains ; je suppose que l'autorité légitime

---

(1) Livre 3, chap. 4.

(2) Droit des gens, liv. premier, chap. 3, 5. 34.

ayant convoqué l'assemblée de la nation selon les formes ordinaires, on ne soit pas dans le cas d'*une convention nationale ;* je suppose que les députés, partis avec des mandats limités, exercent néanmoins une puissance indéfinie ; qu'envoyés uniquement pour réformer les abus, ils renversent de fond-en-comble l'édifice du gouvernement ; que, méprisant à la fois & l'ancienne constitution, & leurs propres cahiers, ils s'arrogent, sous des titres supposés, une autorité sans exemple, pour être sans bornes. Il est évident alors que leurs décrets sont frappés du plus grand de tous les vices ; le défaut de pouvoir.

« Nul Corps, nul individu ne peut exercer » d'autorité qui n'émane expressément de la na- » tion (1) ». Et certes, ce n'est pas de la nation qu'émane une autorité que des représentans usurpent contre la teneur expresse des mandats qu'ils ont reçus, contre la foi du serment qu'ils ont prêté. Tous leurs actes restent donc sans valeur, *jusqu'à ce que la nation entière les ait approuvés par un silence volontaire* (2).

---

(1) Art. 3 *de la Déclaration des droits.*

(2) Ce sont les termes de Vatel ; *loc. cit.*

Fin du cinquième livre.

ÉLÉMENS DU DROIT POLITIQUE.

LIVRE VI.

CHAPITRE PREMIER.

Sujet de ce livre.

» Tous les hommes sont égaux; tous les » hommes sont libres; la religion catholique » s'oppose à la prospérité de l'Etat ». En répandant, sans précaution, ces dogmes si dangereux, en les prêchant avec le fanatisme des *illuminés*, les sages de ce siècle ont établi non pas l'égalité, mais l'insubordination; non pas la liberté, mais la licence; non pas l'amour de la patrie, mais l'irréligion. Ils ont rompu le lien de la hiérarchie politique, semé de toute part l'esprit de révolte et d'anarchie, brisé le seul frein qui fût assez puissant pour contenir les hommes dans le devoir. Que de maux les philosophes ont fait au genre humain, sous prétexte de l'instruire! Au lieu de crier aux hommes qu'ils sont égaux, il falloit voir si cette égalité n'est pas une chimère; au lieu de les appeler à une liberté vague & indéfinie, il falloit leur apprendre à la connoître, & les rendre dignes d'en jouir; au lieu de les soulever contre la plus pure, la plus sainte des religions, il falloit leur expliquer comment elle forme des rois justes & des sujets fidèles; comment elle rend les hommes heureux, même en cette vie.

Je vais donc traiter de l'égalité, de la liberté, de la religion. Je vais faire voir que l'égalité est inconciliable, soit avec l'ordre social, soit avec les différentes formes de gouvernement; que la liberté n'est pas un privilège tellement réservé aux républiques, qu'on ne puisse en jouir sous le gouvernement des rois; enfin, que la religion chrétienne, loin de s'opposer au bien de l'Etat, est le plus sûr garant de sa prospérité.

CHAPITRE II.

De l'égalité.

AVANT que les hommes fussent réunis en société, nulle dépendance ne les assujettissoit les uns envers les autres ; les productions de la terre appartenoient au premier d'entr'eux qui venoit les cueillir ; alors, ils étoient égaux. Mais, en introduisant le droit de propriété, en établissant les règles de la subordination, l'ordre social a rompu cette égalité primitive.

Tous les membres de la société naissante obtinrent une égale portion du terrein qu'elle occupa, à moins, ce qui pouvoit être juste, qu'on ne leur ait attribué des portions différentes, selon la différence de leurs besoins. Mais les partages, les successions, les ventes, la bonne administration ou la patrimoine des uns, l'inconduite ou la prodigalité des autres, mille causes inévitables, tantôt divisèrent entre pluſieurs, la portion d'un ſeul, tantôt réunirent pluſieurs portions dans les mêmes mains. Ainſi, les richeſſes s'accumulèrent d'une part, tandis qu'on vit de l'autre, la médiocrité ou l'indigence; & cette inégalité dans les fortunes devint ſacrée néanmoins, devint inviolable par une ſuite naturelle du Contrat Social. Dès que les loix ont établi différens moyens, pour tranſmettre la propriété d'une perſonne à l'autre, le Corps politique doit maintenir toutes les acquiſitions faites par l'un des moyens qu'elles ont déterminés.

La ſociété, d'ailleurs, ne peut ſubſiſter ſans la ſubordination; & la ſubordination ſuppoſe des ſupérieurs & des inférieurs; ceux qui commandent & ceux qui obéiſſent. Elle ſuppoſe donc auſſi de l'inégalité entre les citoyens; car l'inférieur n'eſt pas l'egal du ſupérieur; celui qui obéit n'eſt pas l'égal de celui qui commande. Vouloir que les conditions & les rangs ſoient les mêmes dans l'état ſocial, ce ſeroit vouloir que les tailles & les forces fuſſent ſemblables dans l'état de nature.

Tel eſt donc le partage que l'ordre ſocial a établi entre les hommes. Les uns poſsèdent, les autres travaillent; les uns participent à l'autorité, les autres y ſont ſoumis.

Il y a dans leurs rapports une différence marquée ; il y a dans leurs intérêts une opposition essentielle. C'est le petit nombre qui possède & qui commande ; c'est le grand nombre qui travaille & qui obéit. Ceux-là veulent conserver ou leurs possessions, ou leur puissance ; ceux-ci s'efforcent d'acquérir des richesses & de l'autorité.

De-là résultent plusieurs classes de citoyens qui entrent nécessairement dans la constitution de l'ordre social ; qui s'éloignent ou se rapprochent davantage, selon les différentes formes de gouvernement ; qui ont été très-distinctes parmi tous les peuples anciens & nouveaux. Il n'est pas possible de les confondre, puisque leurs intérêts sont inconciliables ; il n'est pas possible d'attribuer les mêmes droits à tous les individus dont elles sont composées, puisque ceux qui prévalent par le nombre, sont ceux aussi que leur intérêt porte à demander un nouveau partage & des biens & du pouvoir. Ainsi, toute forme de gouvernement qui établiroit la confusion des classes & l'uniformité des droits, seroit destructive de l'ordre social, parce qu'en réunissant au desir de l'usurpation, les moyens d'y parvenir, elle exposeroit les propriétés à être envahies, & les liens de la ſubordination à être rompus.

CHAPITRE III.

SUITE.

APRÈS avoir examiné la queſtion de l'égalité relativement à l'état ſocial, il faut la conſidérer ſous un autre point de vue, & dans ſon rapport avec les différentes eſpèces de gouvernement.

Dans les Etats deſpotiques, on chercheroit inutilement des ordres diſtincts & un peuple organiſé. Tel qui eſt élevé aujourd'hui au faîte des grandeurs, rampera demain dans la pouſſière. Celui qui nageoit hier dans l'opulence, gémit aujourd'hui dans la pauvreté. Sous un deſpote enfin, les ſujets ſont égaux parce qu'ils ne ſont rien; & l'eſclavage qui pèſe également ſur toutes les têtes, les réduit toutes au même niveau.

Lorſqu'on ſe forme l'idée d'une pure démocratie, on voit tous les citoyens placés au même rang. La puiſſance publique également répartie, les richesses également partagées, la vertu même également répandue, ne laissent entr'eux aucune distinction. Tous exerçant de concert le pouvoir souverain, tous soumis au même degré envers le Corps politique, ne forment qu'une seule classe de citoyens, égaux en autorité comme en sujetion. Mais un tel gouvernement peut-il exister parmi les hommes ? Si quelques peuples ont tenté de l'établir, c'étoit pour en dégoûter le reste de la terre. Plus ils en approchoient, plus ils étoient en proie aux fureurs des factions, aux caprices de la multitude. Chez eux, les talens sublimes, les rares vertus excitoient la défiance, attiroient la persécution, & finissoient par recevoir les honneurs de l'ostracisme. En un mot, ils avoient établi une telle égalité, qu'aucun de leurs citoyens n'avoit la permission d'être un grand homme. *Nemo de nobis unus excellat; sin quis extiterit, alio in loco & apud alios sit.* Ainsi parlèrent les Ephésiens, au rapport de Cicéron, lorsqu'ils exilèrent Hermodore.

Cependant, quelques publicistes, livrés à de frivoles spéculations, regardent l'égalité comme l'ame des Républiques. Mais, dans les Républiques, les hommes sont-ils donc à l'abri du besoin & affranchis du joug des passions ? N'y connoît-on pas & la propriété, qui donne des droits, & la ſubordination qui impoſe des devoirs? Et les droits de la propriété, les devoirs de la ſubordination ne doivent-ils pas produire, à leur tour, des claſſes ſéparées qui forment, dans tous les états, l'organiſation du Corps politique?

Auſſi, toutes les Républiques, ſagement conſtituées, ont connu la diſtinction des ordres; elles ont accordé aux uns des prérogatives ou réelles, ou d'opinion, dont les autres étoient exclus, & preſcrit à tous des devoirs réciproques qui les uniſſoient entr'eux. Dans les beaux temps d'Athènes & de Rome, les citoyens étoient diſtingués par le rang & par la naiſſance, autant que par la fortune; & de nos jours encore, on remarque une inégalité frappante entre les habitans de Gènes, de Veniſe, de Genève même, & ſur-tout de Berne, que l'on peut citer comme le modèle des républiques.

Ces différences, moins ſenſibles, à la vérité, dans des Etats peu étendus, ſe font principalement remarquer dans un grand royaume. Là, en effet, il n'eſt pas poſſible que tous les habitans poſsèdent une égale quantité de terre, & ſe bornent à la cultiver. Il ne peut pas ſe faire non plus que les arts & l'induſtrie deviennent excluſivement l'objet de leurs ſoins. Il faut donc que les uns fassent valoir les propriétés des autres; qu'un vaste champ soit ouvert à l'industrie & aux arts; que les loix protègent ceux qui possèdent, soulagent ceux qui cultivent, excitent l'émulation des talens. Si elles se dirigent vers l'égalité, elles poursuivront une chimère, & perdront l'Etat.

D'ailleurs, ce n'est point par lui-même que le monarque intime ses ordres, ce n'est point par lui-même qu'il veille à leur exécution dans toutes les parties de son empire. Il n'agit que par des ministres revêtus de différens pouvoirs, chargés de différentes fonctions, subordonnés entr'eux; & comme ils ne peuvent tenir sa place, comme ils ne peuvent faire respecter son nom sans être eux-mêmes environnés du respect public, ils doivent participer à sa grandeur; or, cette grandeur qu'il leur communique à des mesures inégales, cet éclat plus ou moins vif que le trône fait rejaillir sur eux, les distinguent nécessairement du reste du vulgaire, & introduisent parmi les citoyens des différences qui se multiplient & s'accroissent avec le temps.

De plus, la patrie a des besoins de différentes espèces. Elle veut qu'on la serve par le travail & par l'étude, durant la paix & pendant la guerre, dans les grandes places & dans les rangs moins élevés. La raison, le bien public, l'ordre naturel des choses, veulent donc aussi que les citoyens soient, en quelque sorte, affectés par leur naissance aux différens services qu'elle exige d'eux, afin qu'ils jettent leurs premiers regards sur la carrière qu'ils auront un jour à parcourir; que leurs premiers pas les conduisent vers le but qu'ils doivent se proposer; que les sentimens qu'on leur inspire, l'éducation qu'on leur donne, les préparent, dès le berceau, aux fonctions qui les attendent. Il est une classe d'hommes qui naît pour le travail des champs, pour les arts mécaniques; il en est une qui semble destinée à la vie sédentaire, aux sciences, aux arts libéraux. Et l'état militaire, & les grands emplois qui demandent une éducation plus coûteuse, des sentimens plus élevés, un honneur plus délicat, un dévouement plus entier, qui entraînant des dépenses au-dessus des émolumens qu'ils produisent, ne donneroient point de dédommagement, s'ils ne donnoient pas des distinctions; que l'on ne peut bien remplir sans cet amour de la gloire qui fait les héros, sans cette bravoure intrépide que l'intérêt n'est pas capable de produire, sans une foule de vertus que l'on ne possède jamais assez, si on ne les possède par état, à qui seront-ils réservés ? Vous voulez confondre toutes les classes, & couper, à l'exemple de Tarquin, les épis qui élèvent leur tête au-dessus des autres. Confondez donc aussi tous les emplois ; mettez de niveau les fortunes particulières & les fonctions publiques ; faites que tous les citoyens puissent être indifféremment laboureurs ou hommes d'état, artisans ou gens de lettres, magistrats ou militaires, soldats ou généraux d'armée. Faites que les riches partagent leurs propriétés avec les pauvres, & que celui qui est roi le matin devienne berger le soir. Sans cela, je ne verrai dans la société civile qu'une chaîne immense dont le premier anneau tient au trône, & le dernier à la houlette.

Mais, pourquoi les distinctions ne sont-elles pas personnelles ? Pourquoi le sang les transmet-il souvent aux fils corrompus d'un vertueux père ? En un mot, pourquoi la noblesse est-elle héréditaire ? . . . C'est qu'il étoit juste, & sur-tout utile d'honorer à jamais la race des grands hommes, qui ont rendu à la patrie des services signalés. C'est que les philosophes ne parviendront pas à faire envisager du même œil les enfans des rois & ceux des bergers, les premières maisons de l'Etat, & les familles communes.

Je ris de ces précepteurs du genre humain, qui prétendent réformer une opinion & des usages reçus dans tous les pays & dans tous les temps. Que l'on ouvre les annales du monde ; on verra la noblesse fleurir parmi les nations policées, & même parmi les nations barbares. Il en est fait mention dans les livres saints. Introduite chez les Grecs par Thésée, elle y fut confirmée par Solon. Elle étoit établie à Rome sur les fondemens même de cette ville célèbre. Les Francs, les Saxons, & tous ces peuples farouches, dont Tacite a si bien décrit les mœurs, l'honoroient au fond des bois de la Germanie. Elle existoit dans les Gaules avant que César les eût subjuguées, & dans les isles britanniques, lorsqu'Agricola les soumit. Les conquérans du Pérou, du Mexique, des Indes, l'y trouvèrent *aussi ancienne que le soleil.* On peut dire qu'elle fait partie du droit des gens : car le droit des gens est celui que les lumières de la raison & les conseils de l'expérience ont introduit chez tous les peuples qui ont un gouvernement & des mœurs.

Il faudroit la créer si elle n'existoit pas. Une classe de citoyens qui sucent l'honneur avec le lait, qui sont continuellement portés au bien par de grands motifs & de grands exemples, qui deviennent un foyer d'émulation pour les ordres inférieurs, & plus encore pour eux-mêmes; qui se couvrent d'infamie, s'ils ne se rendent pas dignes de leur naissance & de leurs ayeux; qui font de la droiture & de la bravoure leur esprit de corps; qui n'ont d'autre emploi que le service de la patrie, & mettent leur gloire à mourir pour elle.... N'est-ce pas-là une admirable institution? Quelles troupes pouvoit-on comparer à *ces fidèles que nos rois choisissoient pour vaincre ou mourir avec eux* (1)? Qui décida du sort de la France par la défaite de Siagrius? Qui rendit si glorieuses pour elle les journées de Bouvine & de Taillebourg? Par qui fut-elle arrachée des mains des Anglois, sous Charles VII? A qui est-elle redevable de compter Henri IV au nombre de ses rois? Qui l'a retenue enfin, toutes les fois qu'elle s'est trouvée sur le penchant de sa ruine? Je parle de la France. Mais il n'est point d'État qui ne puisse rendre le même témoignage *à ses Leudes.*

Montesquieu & Rousseau ont dit qu'il faut dans les monarchies, des princes, de la no-

---

(1) Cette noble expression est de M. de Montesquieu.

blesse, des rangs intermédiaires. Mais outre le témoignage si important de ces deux écrivains, l'axiôme, *point de monarque, point de noblesse, point de noblesse, point de monarque*, a pour garant de sa vérité l'expérience des siècles & la nature des choses.

La noblesse fait l'ornement des monarchies & leur principale force. Elle conserve le feu sacré de l'honneur qui en est le principe : elle est tout à-la-fois l'asyle du peuple & l'appui du trône : elle comble l'intervalle qui les sépare, forme le lien qui les unit, ouvre un canal par où l'autorité coule, pour fertiliser toutes les parties de l'empire. Elle élève une barrière également puissante & contre le despotisme & contre l'anarchie, parce qu'elle a tout à perdre, si le roi devient despote, & tout encore, si la multitude brise le frein qui la conduit. Quand Louis XI résolut d'accabler le peuple, il commença par attaquer la noblesse (1). Quand le

(1) « De l'abaissement du droit des seigneurs est » avenue ou l'occasion ou la cause de la grande et in- » supportable surcharge dont le pauvre peuple fran- » çois a été misérablement vexé, quand il ne s'est plus » trouvé aucun près du roi (Louis XI) qui osât faire » des remontrances pour le soulagement du peuple ». *Coquille*, Histoire du Nivernois, *tome* I, *page* 331.

cardinal de Richelieu forma le projet d'applanir à Louis XIII la route du pouvoir arbitraire, il abattit les grands qui en défendoient l'entrée. Quand l'infâme Marcel entreprit de soulever la populace contre le gouvernement, il lui désigna les seigneurs pour première victime. Toujours la destinée de la noblesse fut d'être alternativement en butte aux tyrans & aux démagogues : c'en est assez pour qu'elle soit d'un grand prix aux yeux de la politique.

Sans doute, il est des gentilshommes qui deviennent méprisables par leur arrogance, qui se dégradent par leur bassesse, qui révoltent par leur dureté, qui, quelquefois dérobent leurs vexations à la vigilance des loix ou des tribunaux. Mais n'en est-il pas aussi qui sont honnêtes & justes, généreux & bienfaisans ? Et l'humble habitant des campagnes n'a-t-il pas souvent les mêmes reproches à faire aux vaniteux bourgeois des villes ? Et, pour permettre aux hommes d'être nobles, exigera-t-on qu'ils cessent d'être des hommes ? Et tous ces demi-Dieux que la nouvelle constitution a créés en France, sont-ils donc si remplis de modestie, d'humanité & de justice ? Dans un empire où l'ordre de la noblesse fait une partie essentielle de l'organisation politique, où il tient, par une chaîne indissoluble, à la constitution primitive de l'Etat, où ses droits sont établis sur le pacte inviolable qui a formé la nation, nulle force humaine ne peut l'anéantir; & le seul but que les loix doivent se proposer, c'est de faire en sorte qu'il conserve assez d'autorité, sans en trop prendre.

Je sais que ma doctrine excitera la risée des philosophes de nos jours, & qu'ils la représenteront comme le langage d'un courtisan ou d'un esclave. Mais laissons-les déclamer à leur gré; &, loin d'imiter ces hommes sottement orgueilleux, qui, *ne pouvant atteindre la grandeur, se vengent à en médire* (1), ou qui consentent à

(1) Ce sont les termes de Montagne, *liv.* III *de ses Essais, chap.* 7; et ce qu'il disoit par plaisanterie, les philosophes l'ont fait par système. Déjà Nicole avoit dévoilé leurs motifs secrets dans le passage suivant: « le mépris humain de la grandeur ne » se rencontre d'ordinaire qu'en certaines gens qui » couvrent leur orgueil du nom de philosophie, et » qui, ne pouvant satisfaire leur ambition en deve- » nant grands, tâchent de satisfaire leur malignité, » en rabaissant ceux qui le sont. . . . . S'il s'est » trouvé quelques philosophes qui, ayant sujet d'être » contens de leur fortune selon le monde, n'ont » pas laissé de mépriser, en apparence, la grandeur, n'avoir

n'avoir personne au-dessous d'eux, pourvu qu'ils n'aient personne au-dessus, sachons être ce que nous sommes, jouir de ce que nous avons, nous passer de ce qui nous manque, & rendre à chacun l'honneur qui lui est dû : c'est le chef-d'œuvre de la sagesse. Le chef-dœuvre de la politique seroit aussi, non pas de niveler les fortunes, mais d'en diriger l'emploi ; non pas de détruire les grandeurs, mais d'en régler l'usage ; enfin, de rendre les hommes égaux par la vertu plutôt que par la naissance.

L'essentiel est d'inspirer des mœurs à tous les citoyens.

Sans les mœurs, les classes inférieures verront d'un œil inquiet & jaloux celles qui les précèdent. L'inégalité des richesses irritera leur cupidité ; l'inégalité des conditions fera gémir

---

» c'est par une vanité encore plus ingénieuse et plus » déliée. Ils ont voulu joindre ensemble la gloire » humaine de la grandeur, et la gloire philoso- » phique du mépris de la grandeur, afin d'être es- » timés, non-seulement par les personnes du com- » mun, qui honorent les grands, mais aussi par les » philosophes qui les méprisent ». *Essais de morale, Traité de la Grandeur*, liv. I, chap. I.

leur orgueil ; la crainte & l'habitude pourront les contenir, mais elles seront dévorées par le dépit & l'envie ; & si les philosophes viennent encore les aigrir, au lieu de les calmer, on les verra toujours prêtes à renverser ce qui les surpasse.

Sans les mœurs aussi, les riches ne trouveront dans leur opulence qu'un motif d'insulter à la misère. Les grands ne se serviront de leur pouvoir que pour opprimer ceux qu'ils devroient défendre. Le faste & l'insolence tiendront lieu de vertus aux uns & aux autres ; le mépris, inspiré par leurs vices, étouffera le respect dû à leurs qualités extérieures. Ils se feront haïr avec mille moyens pour se faire adorer. Le feu de la division, après avoir long-temps couvé sous la cendre, éclatera enfin ; & il faudra un miracle de la providence pour que la guerre intestine, allumée entre les différens ordres de l'Etat, n'entraîne pas, ou l'oppression des uns, ou l'anéantissement des autres, & dans tous les cas, la ruine de la monarchie.

CHAPITRE V.

SUITE.

DANS la fameuſe déclaration des droits de l'homme & du citoyen, l'on a dit : « les hommes » naiſſent & demeurent *égaux en droits* ; les diſ» tinctions ſociales ne peuvent être fondées que » ſur l'utilité commune ».

Je m'arrête d'abord à la ſeconde partie de cet article, & j'en conclus qu'il exiſte des *diſtinctions ſociales*. Il n'y a donc pas d'égalité entre les citoyens ; car les mots d'égalité & de diſtinctions ſociales expriment des idées contradictoires.

Que ces diſtinctions ne puiſſent être fondées que ſur l'*utilité commune*, j'en conviens : tel eſt, tel doit être du moins le but général de tous les réglemens politiques. Mais il s'enſuit de-là que l'utilité commune exigeant des diſtinctions ſociales, l'égalité eſt incompatible avec l'état de ſociété.

Demandera-t-on d'où proviennent ces diſtinctions sociales qui sont fondées sur l'utilité commune? Toujours des richesses & des dignités; souvent encore de la naissance.

La distinction que les richesses produisent dérive du droit de propriété, que l'utilité commune rend inviolable.

Les dignités sont une autre espèce de distinction inséparable de l'ordre social. Sans elles, il n'y auroit point de subordination, point de hiérarchie, point de pouvoir.

A ne considérer que les loix naturelles, la naissance n'est pas une distinction; mais, chez tous les peuples policés, les loix civiles donnent aux citoyens, unis par les liens du sang, des droits qui n'appartiennent pas aux étrangers. Les nations, même les plus sages, ont d'ailleurs attribué aux enfans issus d'un père noble, des prérogatives dont les fils du roturier ne jouissent pas. Ainsi, la division des familles, & l'établissement de la noblesse héréditaire, ont introduit encore de nouvelles distinctions sociales.

On dira que la distinction résultant de la noblesse héréditaire, n'est pas fondée sur l'utilité publique, *& que tous les citoyens sont également admissibles à toutes dignités, places & emplois*, *selon leur capacité, & sans autres distinctions que celles de leurs vertus & de leurs talens* (1).

C'est élever une autre question qui tient moins à la théorie qu'à la pratique; aux principes du droit qu'aux règles de l'administration.

Des talens supérieurs, une vertu sublime frappent tous les yeux, excitent l'admiration universelle, & font une exception à toutes les règles. Mais ces vertus sublimes, ces talens supérieurs sont des miracles de la nature. Elle ne produit le plus souvent que des talens ordinaires, que des vertus médiocres, qui approchent tant de l'ignorance, de la sottise, même du vice, que l'on s'y trompe aisément.

Si donc on affectoit les dignités & les emplois à des classes de citoyens où les talens & les vertus doivent plus communément se rencontrer; si l'on exigeoit de ceux qui se présentent pour les remplir, des qualités extérieures qui supposassent une capacité réelle, l'utilité publique n'approuveroit-elle pas cette loi dictée par la sagesse? Est-il déraisonnable de supposer que l'homme riche est plus à l'abri de la corruption; que l'homme gradué est plus capable de

(1) Article 6. *Ibid.*

remplir les places où l'on doit se préparer par de bonnes études ; que l'homme de naissance reçoit une éducation plus suivie, a sous les yeux de plus grands modèles, est excité par des motifs d'émulation plus puissans, se fait une plus haute idée de ses devoirs, & respire l'honneur avec l'air ? *Puffendorf* a écrit un long chapitre *sur le pouvoir qu'ont les souverains de régler le rang & la considération où chaque citoyen doit être* (1).

L'état civil offre donc de toute part *des distinctions fondées sur l'utilité publique ;* & cette raison d'utilité publique, loin de former une exception à la loi générale de l'égalité, fait, au contraire, de l'inégalité une loi générale & sans exception.

Que signifie donc la première partie de l'article que j'ai cité ? *Les hommes naissent & demeurent égaux en droits.* Ce sont-là des paroles mystérieuses qui trompent le vulgaire, en lui présentant la perspective d'une parfaite égalité, mais où le métaphysicien le plus subtil a de la peine à découvrir quelque sens.

Des hommes *égaux en droits* sont-ils des

(1) Liv. 8, chap. 4.

hommes qui ont des droits égaux ? Dans ce cas, la maxime est fausse ; car l'homme sans état & sans biens n'a pas des droits égaux à l'homme constitué en dignité, ou puissant en richesses.

A-t-on voulu opposer le droit au fait, & dire que les hommes, quoiqu'inégaux par le fait, sont égaux par le droit ? L'erreur seroit la même ; car l'inégalité qui les sépare, c'est le droit qui l'a établie.

Peut-être cette célèbre maxime signifie que la loi veille également à la sûreté de toutes les personnes, à la conservation de toutes les propriétés, au maintien de tous les droits : sans doute ; mais c'est ainsi que la loi produit & entretient l'inégalité parmi les hommes.

Il paroît que l'explication du commencement de l'article Ier doit se tirer de la fin de l'article VI, & qu'on a dit, *les hommes sont égaux en droits*, pour en conclure que la carrière des dignités, des places, des emplois publics, est ouverte à tous également. Alors, le principe est mal énoncé, & la conséquence mal déduite.

En premier lieu, la capacité de parvenir à toutes les places ne constitue pas l'égalité ; car celui qui les convoite n'est pas égal à celui qui les possède.

En second lieu, cette égalité prétendue reste

soumise à la loi, qui peut, même par des considérations d'utilité publique, attribuer exclusivement de certains emploic à une certaine classe de citoyens.

Ainsi, ce droit de l'homme, si vanté, ne consiste que dans une métaphysique vicieuse & fausse; & au lieu de tendre un piège à la simplicité du peuple par cette sentence amphibologique, *tous les hommes naissent & demeurent égaux en droits*, il falloit dire avec plus de clarté & de franchise: « l'état social est un état de » distinctions, & non pas d'égalité; tous les » citoyens cependant sont admissibles à tous » les emplois, tant qu'une partie d'entr'eux n'en » est pas exclue par des réglemens positifs ».

CHAPITRE V.

DE LA LIBERTÉ.

SOUVENT on a cité, & l'on ne peut citer trop souvent ce beau passage de Rousseau : « la » liberté est un aliment de bon suc, mais de » forte digestion ; il faut des estomacs bien sains » pour le supporter. Je ris de ces peuples avilis, » qui se laissant ameuter par des ligueurs, osent » parler de liberté, sans même en avoir l'idée, » &, le cœur plein de tous les vices des esclaves, » s'imaginent que, pour être libres, il suffit » d'être des mutins : fière & sainte liberté ! si » ces pauvres gens pouvoient te connoître, s'ils » savoient à quel prix on t'acquiert, on te con- » serve, s'ils sentoient combien tes loix sont » plus austères que n'est dur le joug des tyrans, » leurs foibles ames, esclaves des passions qu'il » faudroit étouffer, te craindroient plus cent » fois que la servitude ; ils te fuiroient avec » effroi, comme un fardeau prêt à les écraser (1) ».

(1) Gouvernement de Pologne. Rousseau a ex-

Si l'on eût bien réfléchi sur ce passage éloquent & vrai, loin de prodiguer jusqu'à l'avilissement le saint nom de la liberté, on ne le prononceroit qu'avec une sage retenue, avec un respect religieux; loin de la rendre odieuse, en la donnant pour prétexte & pour excuse à des horreurs qui font frémir, on ne l'invoqueroit qu'à l'appui de l'ordre, de la justice, & de l'humanité.

Qu'est-ce donc que la liberté, ce bien si précieux & si rare, dont on parle tant, & que l'on connoît si peu; que tous desirent, mais que tous ne sont pas dignes de posséder? Le vulgaire ignorant l'entend à merveille. Pour lui, la liberté n'est que le droit de n'obéir à personne, de fouler aux pieds la justice & les loix; de faire tout ce qui est agréable, & de détruire tout ce qui déplaît. Parmi les philosophes, moins d'accord entr'eux que le vulgaire, le mot de liberté reçoit mille significations diverses, & quand on a étudié avec attention leurs systêmes contraires, on est tenté de croire que la liberté est une chimère. C'eût été un grand bien que de défendre aux philosophes d'en parler, & d'en faire jouir le peuple à son insçu.

---

primé les mêmes pensées dans la dédicace du discours sur l'inégalité des conditions.

Si l'on prend la liberté pour l'indépendance, il n'y en a point au monde; il n'y en eut jamais. Dans l'état de nature, l'homme est dépendant de la loi naturelle; & sans cela, il seroit dominé par la force. Dans l'état de société, les citoyens sont dépendans des loix civiles; & l'anarchie, sans cela, les gouverne avec un sceptre de fer. Celui qui, pour être libre, prétend secouer encore le joug des loix, peut aller dans les déserts de l'Afrique, faire assaut de liberté avec les tigres & les lions. Cicéron a dit avec autant d'élégance que de vérité, *legum idcirco omnes servi sumus, ut liberi esse possimus* (1).

La liberté consiste donc dans l'obligation de se conformer aux loix, & dans la faculté naturelle de faire tout ce qu'elles n'ont pas défendu (2). L'obéissance aux loix est la liberté;

(1) *Pro Elventio*, N°. 53.

(2) L'article 4 de la déclaration des droits de l'homme et du citoyen dit: *la liberté consiste à pouvoir faire tout ce qui ne nuit pas à autrui.* Cette définition est fausse; car souvent on a le droit de faire *ce qui nuit à autrui*, et il ne peut pas se trouver d'opposition entre le droit et la liberté.

L'article ajoute que les *bornes de la liberté ne peuvent être déterminées que par la loi;* c'est-à-dire que la soumission à des ordres arbitraires est l'esclavage.

« Il faut se mettre dans l'esprit, dit M. de » Montesquieu, ce que c'est que l'indépendance, » & ce que c'est que la liberté. La liberté est le » droit de faire ce que les loix permettent; & » si un citoyen pouvoit faire ce qu'elles dé- » fendent, il n'auroit plus de liberté, parce que » les autres auroient tout de même ce pou- » voir (1) ».

Ainsi, *Hornius* ne connoissoit pas la liberté, lorsqu'il a dit que les sujets la perdent dans les Etats monarchiques (2). *Grotius* n'en avoit pas une idée plus exacte, lorsque, trompé par quelques hyperboles des anciens Grecs & des an-

---

la liberté consiste dans l'obéissance aux loix. Cette obéissance ne diminue point les facultés naturelles de l'homme; elle ne fait que d'en régler l'usage pour l'utilité particulière de chacun, et pour le bien commun de tous. Elle est conforme au vœu de la nature, qui n'a pas entendu nous rendre libres aux dépens de la raison et de la justice. Mais il faut supposer une force publique qui puisse punir ceux qui refusent de se soumettre aux loix.

(1) Esprit des loix, liv. 11, chap. 3.

(2) *De civitate, lib.* 3.

ciens Romains, il a cru que, sous un roi, l'Etat est esclave, quoique les individus soient libres (1). Enfin, les Républicains, qui représentent leur gouvernement comme l'asyle & le sanctuaire de la liberté, consultent leurs préjugés bien plus que la raison; ils ne savent faire aucune différence entre le despotisme & la monarchie.

Le despote, n'ayant d'autre règle à suivre que sa volonté, tient dans sa main la destinée de ses sujets; il est leur maître absolu; ils sont vraiment ses esclaves. Le monarque, au contraire, ne peut commander qu'au nom de la loi, & non pas au gré de ses caprices. En exécutant les ordres qu'il intime, c'est donc à la loi elle-même qu'on obéit. Et l'Etat & les sujets sont donc libres sous le gouvernement monarchique, non moins, & souvent davantage que sous le gouvernement républicain.

Demandera-t-on pourquoi le despote ne commande qu'au nom de sa volonté, & le monarque au nom de la loi? La raison de cette différence est facile à indiquer.

Les loix fondamentales sont inconnues dans

(1) Droit de la guerre et de la paix, liv. I, chap. 3.

les Etats despotiques. C'est pour cela que, dans les Etats despotiques, l'esclavage tient toutes les têtes sous le joug ; même la tête du sultan, qui n'est point garantie par les loix. Mais toutes les monarchies ont des loix fondamentales qui, traçant une ligne de séparation entre l'autorité du roi & les droits du peuple, opposent un obstacle permanent au pouvoir arbitraire, & sont les gardiennes de la liberté. Lorsqu'il est écrit dans le code national que toute autorité vient du peuple ; que le roi ne peut changer les clauses du contrat qui lui a transmis sa puissance ; qu'il doit en user pour le bien commun, & qu'il la perd, s'il en abuse ; sans contredit, le corps politique & ses membres jouissent d'une entière liberté. J'aime la bonne foi de *Rousseau*, quand, réformant sa doctrine sur les leçons que l'expérience lui avoit données, il a dit : « après » avoir toute ma vie fait l'éloge du gouverne- » ment républicain, faudra-t-il que, vers le » penchant de ma carrière, je sois obligé de » convenir que, de tous les gouvernemens, le » *monarchique est celui dans lequel on respecte le plus* » *la vraie liberté de l'homme* (1) » ?

(1) Lettres de la Montagne.

CHAPITRE VI.

Qu'il n'est pas nécessaire, pour la liberté politique ou civile, que le peuple fasse les loix par lui-même ou par ses députés.

ON entend par la liberté *civile*, celle dont jouissent les individus : on entend par liberté *politique*, celle qui est acquise au Corps de l'Etat. J'avoue que cette distinction métaphysique ne présente à mon esprit que des mots vuides de sens. L'esclavage ou la liberté sont un attribut des particuliers qui composent l'Etat. Mais l'Etat lui-même ne peut être ni libre, ni esclave. Il est souverain dans les démocraties ; il est sujet dans les monarchies ; il n'est rien à Constantinople. Peu importe, au surplus : la liberté, soit publique, soit particulière, règnera toujours parmi les peuples où les loix seules commanderont l'obéissance ; &, pour les rendre heureux en même temps que libres, il ne s'agira plus que de faire de bonnes loix.

Ce n'est pas assez, dit-on, de n'obéir qu'aux loix ; il faut encore que ces loix auxquelles on obéit, on se les soit prescrites soi-même ; l'*obéissance à la loi qu'on s'est prescrite, est liberté* (1). On conclut de ce principe qu'il n'y a point de liberté dans un Etat où le pouvoir législatif n'est pas exercé par le peuple.

C'est prendre le pouvoir du peuple pour sa liberté ; c'est exclure tout milieu entre la souveraineté & la servitude. Je ne puis concevoir la souveraineté sans le pouvoir législatif ; mais je conçois comment l'on peut être libre sans être partie du souverain. Quoique je n'aie pas coopéré à la loi par mon suffrage, je suis libre cependant, pourvu que l'on ne puisse me contraindre à faire ce qu'elle n'ordonne pas.

A son tour, le rédacteur du Journal de Paris a confondu les loix avec les volontés arbitraires, lorsque, philosophant selon la mode, il a proféré cette absurde sentence : *être esclave ou recevoir des loix, c'est la même chose* (2). On n'est pas esclave précisément, parce qu'on *reçoit des loix*, mais parce qu'on les reçoit contre son gré, de celui qui n'a pas le droit de les faire, ou qui les prescrit arbitrairement & sans règle ;

(1) Rousseau, Contrat Social, liv. I, chap. 8.

(2) N°. 360.

car

car alors ce n'est plus aux loix qu'on obéit, mais aux volontés du despote. Dans toutes les démocraties, la minorité reçoit des loix de la majorité; & pour cela, est-elle esclave?

S'il faut, après tout, que, pour être libre, le peuple fasse lui-même ses loix, il faut donc que les vastes empires renoncent à la liberté; car, je l'ai dit ailleurs, & c'est une vérité manifeste (1), un peuple nombreux ne peut exercer par lui-même le pouvoir législatif.

Du moins, dira-t-on, il peut l'exercer *par ses représentans*; & il est libre seulement, lorsque les loix sont l'ouvrage des représentans qu'il a choisis....... Fort bien! Mais ignore-t-on ce passage de Rousseau? (car je me plais à combattre les maximes républicaines, en leur opposant sur-tout le chef des républicains). « Le » peuple anglois pense être libre; il se trompe » fort; il ne l'est que durant l'élection des » membres du parlement; sitôt qu'ils sont élus, » il est esclave; il n'est rien. Dans les courts » momens de sa liberté, l'usage qu'il en fait, » mérite bien qu'il la perde (2)!... Quoi qu'il

(1) Liv. II, chap. 6.

(2) Contrat Social, liv. III, chap. 15.

» en soit, à l'instant qu'un peuple se donne des » représentans, il n'est plus libre, il n'est plus ».

En citant ces maximes, je n'entends pas les approuver : je veux établir seulement, par un témoignage irrécusable, que le droit de nommer des législateurs à temps, ne constitue pas la liberté.

En effet, que le peuple ait confié le pouvoir législatif à plusieurs personnes ou à une seule, pour un temps fixe ou illimité, l'assemblée & ses membres, dans le premier cas, le roi & ses successeurs dans le second, sont toujours les représentans du peuple : car c'est à la volonté du peuple que les uns & les autres doivent leur autorité; c'est en son nom qu'ils l'exercent. Quoi! je serai libre, parce que j'ai concouru pour une petite partie de plusieurs millions, au choix de douze cents législateurs; & je serai esclave, parce qu'un législateur unique a été choisi par mes ancêtres! La liberté n'est donc qu'un mot.

Je suppose, d'un côté, des représentans qui ne soient contenus par aucun frein; d'un autre côté, un monarque qui soit soumis à des règles inviolables : est-ce que le peuple sera plus libre, en obéissant aux volontés absolues des uns, qu'en recevant de l'autre des loix sages & modérées ? Des représentans, dont le pouvoir est infini, dont la personne est inviolable, dont la conduite est au-dessus de toute censure, imposeront à la nation des loix injustes, tyranniques: n'importe. La nation est libre, parce que ses despotes ont été choisis par elle. Un monarque, dont le pouvoir est circonscrit dans des bornes que la nation a posées, lui donnera des loix qui la rendent heureuse: n'importe. La nation est esclave, parce que le législateur, qui la gouverne, n'a été choisi que par la constitution. Que le pouvoir législatif soit limité ou indéfini, les loix justes ou barbares, l'Etat opprimé ou gouverné avec sagesse, toujours sera-t-on libre, pourvu qu'il se forme, à des époques déterminées, des assemblées primaires, où le tumulte tiendra lieu de règle, où l'intrigue suppléera aux talens, où le fanatisme remplacera la raison. Que cette philosophie est admirable!

Il est, dans les gouvernemens, même les plus populaires, des citoyens qui ne sont pas actifs, c'est-à-dire, qui ne jouissent ni du droit d'élire, ni de la faculté d'être élus: ceux-là sont donc esclaves, tandis que leurs concitoyens sont libres! Et ceux qui languissent aujourd'hui dans l'esclavage, parce qu'ils n'ont pas un revenu suffisant pour être citoyens *actifs*, seront-ils libres demain, si la fortune vient à les favoriser ? Et ceux, au contraire, qui étoient libres hier, pour avoir le revenu prescrit, sont-ils esclaves aujourd'hui, si un événement fâcheux a diminué leurs possessions ? L'ingénieux système qui rend les citoyens alternativement esclaves ou libres, selon que leur fortune vient à changer de face, & qui, calculant la liberté comme les écus, veut qu'on soit riche pour n'être pas esclave !

Pourquoi la nation ou ses membres seroient-ils dans la servitude, lorsque le roi jouit du pouvoir législatif ? Sans doute, parce qu'ils sont alors sous une direction étrangère. Mais les individus se sont mis de même, par le Contrat Social, sous la conduite du Corps politique. L'état de société est donc aussi un état d'esclavage. Le droit que les individus attribuent au Corps politique, en formant la société, & le droit que le Corps politique transmet, à son tour, au souverain qu'elle établit, sont de la même nature. Ce n'est ni un droit arbitraire, ni un droit indéfini. Il nuit à l'indépendance, parce qu'il soumet à des loix nouvelles ; mais n'éteint pas la liberté, parce qu'il ne soumet qu'aux loix.

Le système qui confond la liberté du peuple avec le droit d'exercer le pouvoir législatif, ou par lui-même, ou par des représentans, nommés à différentes époques, n'est donc qu'une illusion de l'amour-propre, s'il n'est pas un délire de l'imagination.

CHAPITRE VII.

Que la division des pouvoirs n'est pas un caractère essentiel de la liberté.

IL est un autre système, inconnu des anciens politiques, mais devenu fameux parmi les nouveaux philosophes; système qui fait naître la liberté de la séparation des pouvoirs, & l'esclavage de leur réunion; en sorte que, pour être libre, le peuple ne doit accorder au roi que le pouvoir exécutif.

Puffendorf (1) soutient que toutes les parties de la souveraineté ont entr'elles une liaison si intime, qu'on ne peut les séparer sans qu'il en résulte un Corps d'Etat irrégulier & vicieux.

(1) Droit de la nature et des gens, liv. 7, chap. 4, §. 11 et 12.

Un membre de la Diette de Pologne disoit dernièrement : « plus les pouvoirs seront divisés, » moins le gouvernement aura de nerf ; l'Etat » languira, & finira par tomber dans le » néant ».

Tacite avoit dit long-temps avant eux que le Corps d'un seul empire doit être gouverné par une seule ame ; qu'il importe à la tranquillité publique que toute la puissance soit réunie dans les mêmes mains ; que la division du pouvoir devient une source de discorde.

Mais, ne confondons pas les précautions propres à garantir la liberté, avec les caractères qui la constituent. Aura-t-on moins à craindre pour elle, lorsque les différens pouvoirs sont remis dans des mains différentes ? Cette question n'est pas de mon sujet ; j'examine seulement si la liberté consiste dans la séparation des différens pouvoirs.

Pour que les sujets soient libres, dites-vous, il faut que le monarque jouisse seulement de la puissance exécutive. Mais, je demande ce que vous ferez du pouvoir législatif. Le confierez-vous à une seule personne ? Alors, vous établissez deux rois dans le même royaume ; & il n'y auroit point de méthode plus vicieuse. Le réserverez-vous aux représentans élus par le peuple ? Vous retombez dans le systême que je viens de réfuter.

Quelque parti que l'on prenne, le pouvoir législatif sera dans une main, & le pouvoir exécutif dans une autre. Mais je n'apperçois aucun rapport entre cet arrangement & la liberté. Si les pouvoirs sont réunis, & que cependant je n'obéisse qu'à la loi, ne serai-je pas libre ? Si les pouvoirs sont séparés, & que cependant je gémisse sous des ordres arbitraires, ne serai-je pas esclave ?

Ce n'est pas tout : le pouvoir législatif est supérieur, sans doute, au pouvoir exécutif. Et s'il plaît au premier des deux de s'attribuer l'autre par un décret ; s'il lui plaît de le dépouiller pièce à pièce, & d'en partager les droits entre la multitude, & ses créatures & lui-même, qui s'y opposera ? Tous les pouvoirs pourront donc se réunir & se confondre à la voix du législateur, & à son gré. Ainsi, la liberté publique dépendra de la volonté pure du pouvoir législatif ; c'est-à-dire, qu'elle ne sera qu'une ombre vaine. Qu'est-ce, en effet, qu'une liberté qui dépend d'un tiers, sinon la servitude ?

Je veux que le pouvoir législatif ne se déclare pas despote par un décret formel. Mais, s'il exerce le despotisme sans le déclarer, comment l'arrêtera-t-on ? S'il usurpe, chaque jour, les droits du prince, les fonctions des magistrats ; si les Corps administratifs s'emparent du pouvoir judiciaire, & que cette entreprise ne soit pas réprimée ; si le pouvoir judiciaire voit son autorité avilie, & ne peut se déployer avec succès que contre la timide colombe ; s'il faut être en butte à la persécution, ou ramper devant l'opinion dominante ; si des tribunaux d'inquisition, établis dans toutes les parties de l'empire, font un trafic de l'espionage & des délations secrètes ; si la populace, comptant sur l'impunité, se fait un jeu du pillage, de l'incendie, du massacre, les pouvoirs auront beau être séparés par les termes de la constitution ; certes, on ne sera pas libre.

Ce qui attente à la liberté, ce sont les ordres arbitraires. Mais les ordres arbitraires n'émanent point du pouvoir législatif ; car ils s'exercent sur les individus, tandis que la loi s'adresse à tous les citoyens. C'est le pouvoir exécutif qui les intime ; c'est lui seul qui les fait exécuter. C'est donc lui seul aussi qui est à craindre pour la liberté ; &, dans la réunion des pouvoirs, comme dans leur séparation, le danger reste le même, parce que, dans l'un & l'autre cas, la puissance exécutive a toujours la même autorité ;

En vérité, les politiques qui ont arrangé le systême de la division des pouvoirs, ont mal distribué les rôles. Pour n'avoir rien à redouter de l'autorité royale, il falloit donner au roi la volonté qui ne fait point de mal, & réserver aux représentans de la nation la force qui seule est dangereuse.

CHAPITRE VIII.

Ce qui assure l'usage de la liberté, ce sont les loix fondamentales.

QUE les pouvoirs soient séparés ou réunis dans la main du peuple ou du roi, on sera libre, s'ils ont des bornes; on sera esclave, s'ils n'en ont point. Ce qui assure donc la liberté, ce sont les loix fondamentales, qui restreignent les pouvoirs; ce n'est pas leur séparation, ce n'est pas la qualité de leur dépositaire. Que l'on établisse dans tous les Etats, des loix fondamentales, & le despotisme sera banni de l'univers. Je suppose que la loi soit faite par le monarque, mais acceptée par des états-généraux; que le monarque demande les subsides, mais que des états-généraux les octroient ; que les citoyens ne puissent être arrêtés qu'en vertu de la loi, dans les cas qu'elle a marqués, avec les formes qu'elle a prescrites ; qui osera soutenir que, dans une telle monarchie, on ne jouit pas de la liberté ?

On dit que la réunion de tous les pouvoirs produit le pouvoir arbitraire, & avec lui le despotisme. On a raison, si l'on suppose que les pouvoirs réunis soient en même temps illimités. On se trompe, s'il existe des loix fondamentales qui leur opposent de fortes barrières. Est-il donc arbitraire, un pouvoir dont l'exercice est soumis à des règles ? Est-il tyrannique, un pouvoir qui s'éteint, lorsqu'il dégénère en tyrannie ?

Mais il franchira aisément les bornes qui lui sont prescrites....... Veut-on parler du fait, quand il s'agit du droit ? veut-on m'opposer l'abus, quand j'établis la règle ? Ces bornes ne doivent pas être franchies. Elles ne peuvent l'être sans violer la loi, sans rompre les nœuds qui attachent les sujets au souverain, sans former un état de guerre entr'eux & lui. C'en est assez pour que la réunion des pouvoirs sur la tête du roi ne soit point, par sa nature propre, contraire à la liberté.

Maintenant, si l'on suppose que le monarque

se serve de sa puissance pour tyranniser l'Etat, & que l'Etat soit trop foible pour lui résister avec succès, hé bien ! lui seroit-il plus difficile alors de s'emparer du pouvoir législatif, qu'on ne lui auroit pas accordé, que d'enfreindre les conditions inviolables sous lesquelles on le lui a transmis ? Le pacte fondamental qui lui défendroit de faire des loix, seroit-il plus sacré pour lui, que la convention qui lui ordonne de les bien faire ? Otez la force, si vous en craignez l'abus ; mais alors, vous n'aurez ni roi, ni gouvernement, ni société civile.

S'il faut, pour être libres, trouver une constitution qui ne laisse aucun accès à l'usurpation & à la tyrannie, il faut aussi renoncer à la liberté. Que les loix soient faites par le prince ou par le peuple, il sera toujours à craindre que l'erreur, l'amour-propre, les passions n'égarent le législateur, ou ne le corrompent. Que les pouvoirs se réunissent ou se séparent dans leur course, on les verra toujours lutter contre leurs rives, & les ronger insensiblement.

Le point essentiel est de se défier des illusions de l'orgueil, des prestiges de l'imagination, de la manie des nouveautés, des égaremens de l'esprit d'indépendance, de s'en tenir à ce qui est bien, crainte de trouver le mal, en cherchant ce qui feroit mieux ; de fortifier les loix fondamentales contre l'autorité, la tranquillité publique contre l'anarchie, la sûreté des citoyens contre la licence. Sans doute, la liberté est un grand bien, mais le fanatisme qu'elle inspire souvent, est un grand mal ; &, quand on la cherche où elle n'est pas, c'est l'esclavage qu'on rencontre. Que l'on travaille au bonheur du peuple, il sera toujours assez libre, pourvu qu'il soit heureux.

CHAPITRE IX.

De la Religion.

NUL empire n'exista jamais sans religion. Les peuples, même les plus barbares, ont eu des Dieux & un culte. Souvent, ces Dieux étoient ridicules, souvent leur culte étoit atroce ; mais la raison humaine a compris, jusques dans ses plus grands égaremens, qu'une religion est nécessaire aux hommes. Il en faut une pour le vulgaire, à qui les philosophes ne peuvent donner que de fausses lumières, plus trompeuses que l'obscurité. Il en faut une pour les philosophes eux-mêmes, que l'on verra dominés par les passions, comme de vils esclaves, tant qu'ils n'auront à leur opposer que leur orgueilleuse & foible raison. Il en faut une pour l'Etat ; car la religion est le premier ressort des loix politiques & civiles. Si elle ne soumet pas les hommes à leur empire, la crainte seule pourra les faire exécuter : la crainte, le plus vil des motifs, & le moins efficace.

Mais les philosophes qui ont mis leur gloire à mépriser la religion chrétienne, voudroient que tous les gouvernemens la bannissent. Elle ne peut, disent-ils, se concilier avec la liberté, avec l'amour de la patrie, avec les vertus que cet amour inspire. Ils peignent les chrétiens comme des idiots, des lâches, des esclaves; & ils croient, avec leurs ridicules portraits, avoir triomphé de la religion même. . . . . Philosophes impies! vous donnez donc plus de prix aux plates absurdités du paganisme qu'aux vérités sublimes des livres divins; & vous croyez former de meilleurs citoyens aux exemples de ces Dieux impurs, dont la vie est un tissu de crimes, qu'à l'école du fils de Dieu, dont la vie fut une continuelle leçon de sagesse & de vertus!

Qu'est-ce donc que la religion chrétienne? C'est un code de philosophie, dont l'auteur, également affranchi & du bandeau de l'erreur & du joug des passions, n'est jamais trompé, & jamais ne trompe. C'est-là que chacun peut s'instruire par des exemples, plus encore que par de vains discours, de ce qu'il doit à l'être suprême & à la société; de ce qu'il doit aux autres & à soi: c'est-là que l'on puise cette grandeur d'ame, ce courage invincible qui, élevant l'homme au-dessus des événemens, au-dessus de lui-même, le rendent capable de modérer ses désirs, de réprimer ses passions, de voir du même œil les caresses de la fortune & ses rigueurs. C'est-là que l'on trouve une morale douce, qui gagne le cœur ; une morale sublime, qui entraîne l'admiration ; une morale claire, qui est à la portée de tous les esprits ; une morale de tous les temps & de tous les lieux, qui apprend aux hommes à s'aimer, à se pardonner, à se secourir mutuellement ; une morale, enfin, qui fait connoître la vertu, & sur-tout qui la fait chérir. « Chose admirable, s'écrie » M. de Montesquieu ! La religion chrétienne, » qui ne semble avoir d'objet que la félicité de » l'autre vie, fait encore notre bonheur dans » celle-ci (1) ». Et dans les temps désastreux où nous vivons, que deviendroient tant de malheureux, victimes de leur conscience, ou opprimés par l'injustice, si la religion ne leur offroit pas des ressources, ou du moins des consolations ?

Est-ce donc en prescrivant aux princes & aux sujets leurs obligations respectives, qu'elle peut former des tyrans ou des rebelles ? Est-ce en épurant les mœurs, qu'elle énerve le courage ; en inspirant le desir d'une autre vie, qu'elle apprend à craindre la mort ; en conci-

(1) Esprit des Loix, liv. 24, chap. 3.

liant le respect des loix avec la liberté, qu'elle fait des esclaves; en portant à l'accomplissement du devoir par la crainte des peines & l'attrait des récompenses, qu'elle invite à le violer; en inspirant l'enthousiasme du véritable honneur, de la véritahle gloire, qu'elle rend les hommes mous & efféminés, indifférens sur le bien & sur le mal?

Mais elle établit deux législateurs & deux chefs; ce qui devient une source de dissentions. Elle commande la soumission envers les puissances, ce qui favorise la tyrannie. Elle détache des choses terrestres, ce qui éteind l'amour de la Patrie: voilà les torts qu'on lui impute dans l'ordre social.

Ces imputations viennent de l'ignorance ou de la mauvaise foi.

1°. Si l'on admet un Dieu, il faut admettre un culte; & la croyance d'un Dieu & le culte qu'on lui rend, forment la religion. Or, la religion & l'empire, associés ensemble, supposent des intérêts temporels & des intérêts spirituels, conséquemment deux législations différentes, & deux différens légslateurs, ou bien tout sera dans la confusion, ou l'empire temporel & l'empire spirituel auront chacun leur chef propre & leur régime particulier.

Il

Il ſaudroit donc, comme Bayle, conclure de cette objection, que l'atéiſme doit être la religion des Etats. J'aimerois mieux conclure qu'il ne faut tolérer dans l'Etat qu'une ſeule religion. C'eſt de la multiplicité des croyances & des cultes, que les diſſentions doivent naître. Il n'eſt pas de mon ſujet d'indiquer la ligne de ſéparation tracée entre l'autorité de l'égliſe & l'autorité du ſouverain. Mais quand la religion chrétienne a dit, *Rendez à Céſar ce qui appartient à Céſar, rendez à Dieu ce qui appartient à Dieu ;* elle a preſcrit la règle la plus ſage que l'on puiſſe déſirer. Les loix de l'Egliſe, & celle de l'Etat, ont enſuite marqué, par des bornes, le point où chacune des deux puiſſances doit s'arrêter. Si leurs uſurpations reſpectives ont jadis occaſionné des troubles, c'eſt aux hommes qu'il faut s'en prendre, & non pas à la religion. Mais depuis long-temps, ces uſurpations étoient inconnues en France ; ou, ſi l'on en voyoit quelques exemples, elles étoient réprimées promptement & ſans bruit. Depuis long-temps, l'Egliſe & l'Etat ſe prêtoient un mutuel ſecours, qui entretenoit l'harmonie & la paix. Certes ! ce n'eſt pas dans le temps où Rouſſeau écrivoit *ſon Contrat ſocial*, qu'il auroit dû prendre le prétexte des deux législateurs & des deux chefs, pour attaquer la religion chrétienne.

2°. Elle ordonne aux ſujets d'obéir aux puiſſances, & prévient par ce commandement, le danger des ſéditions. Mais auſſi, elle défend aux puiſſances d'abuſer de leur autorité & prévient, par cette prohibition, les excès de la tyrannie. C'eſt ainſi qu'en contenant dans de juſtes bornes & le prince & les ſujets, elle fortifie de toute part, les lois politiques, & travaille efficacement à la conſervation, à la proſpérité de la ſociété civile.

La religion chrétienne veut que tout individu ſoit ſoumis, même à un uſurpateur. Le précepte eſt juſte : un individu n'a pas le droit de juger ceux qui gouvernent. Ce précepte eſt conforme aux règles du *Contrat ſocial* : tant que le corps politique endure l'uſurpateur, il n'appartient pas à un individu de lui réſiſter. Le précepte eſt avantageux à la ſociété : la rebellion d'un individu pourroit troubler la tranquillité publique. Mais que la Nation elle-même faſſe valoir ſes droits contre un tyran qui abuſe des ſiens ; contre un uſurpateur qui chaſſe le ſouverain légitime, la religion pourroit-elle s'y oppoſer, elle qui protège tous les droits; elle qui défend, qui punit toutes les injustices?

« La religion chrétienne est éloignée du pur » despotisme, dit M. de Montesquieu (1), c'est » que la douceur étant si recommandée dans » l'Evangile; elle s'oppose à la colère despo- » tique avec laquelle le prince exerceroit ses » cruautés ». Il auroit pu dire encore que le despote usurpe une autorité que la Nation ne lui a point transmise: car il y a moins de mal à pécher contre la douceur que contre la justice.

3°. La religion chrétienne détache le cœur de l'homme des choses terrestres; mais ce détachement n'est pas un abandon. Elle veut qu'à chaque moment de la vie presente, le chrétien jette les yeux sur la vie future; elle veut que la possession des biens de la terre, le prépare, le conduise à la jouissance des biens du ciel. Mais loin de détacher le père de ses enfans, elle lui ordonne de leur consacrer tous ses soins. Loin d'atracher les citoyens à leur patrie, elle leur ordonne de l'aimer: car l'amour de la Patrie est un devoir, même dans l'ordre de la Providence.

(1) Esprit des loix, liv. 24, chap. 3.

La première loi qu'elle prescrit aux hommes, c'est d'aimer Dieu : la première obligation qu'elle impose aux citoyens, c'est de remplir les obligations de leur état. Il faut pour lui être fidèle, que le guerrier sache mourir en défendant sa Patrie ; que le magistrat consacre tous ses momens à l'administration de la justice ; que le cultivateur & l'artisan fassent prospérer, par leur travail, celui-ci son atelier, l'autre son héritage ; que le ministre des autels soit un modèle de piété, mais en même temps qu'il donne l'exemple de la soumission aux loix. Et l'on veut qu'avec de tels préceptes, elle ne fasse pas de bons citoyens ?

En un mot, la religion chrétienne vient de Dieu : Rousseau l'avoue. L'établissement des sociétés civiles, est également conforme aux vues bienfaisantes du créateur : on sera forcé d'en convenir. Je conclus de-là que la religion chrétienne est celle de toutes qui convient le plus à l'ordre social : car, on ne peut admettre de la contradiction, dans les œuvres de la divinité.

Je finis cette matière par un beau passage *des Provinciales Philosophiques* (1) : » Ce fut as-

(1) Tome V, pag. 370 et 379.

» surément une idée bien sage & bien sublime » dans la religion, que celle d'avoir mis le » gouvernement de la société, comme celui » des astres, sous la sauve-garde de la Divi- » nité ; d'avoir vu le premier protecteur & » le premier vengeur des lois dans un Dieu » qui ne souffrira pas impunément que les » passions l'emportent sur le bien général » qui veille sur l'Etat comme sur son ou- » vrage, sur le prince comme sur son image, » & sur le peuple, comme sur ses enfans. Par » là, le chef du peuple est averti que son » empire doit être signalé comme celui de » Dieu, par la bonté, la vigilance, la justice, » l'amour, la bienfaisance; que manquer à ses » devoirs, à ses fonctions, c'est manquer à » un Dieu qui a voulu se voir representé par » lui, & qui demandera aux administrateurs » des sociétés humaines, un compte sevère » de l'emploi qu'ils ont fait de la puissance » qu'il leur a confiée. Par-là, tous les sujets » sont maintenus dans le respect des chefs, & » de la loi. L'autorité ne peut avoir une » source plus noble, la tyrannie un frein plus » redoutable, la paix & le bonheur public, » un garant plus sûr ».

CHAPITRE DERNIER.

CONCLUSION.

LA ſcience du droit politique peut ſe réduire à trois principes élémentaires.

Premier principe : Un contrat, exprès ou tacite, forme le lien de la ſociété civile, & unit entre eux les membres qui la compoſent. C'est par un effet de l'obligation qui en réſulte, que chaque citoyen doit contribuer au bonheur de tous, être ſoumis à l'autorité légitime, & jouir en paix de ſes droits civils & politiques.

Second principe : Le corps du peuple devenu, par le Contrat Social, propriétaire de la ſouveraineté, peut la conſerver ou la tranſmettre, ſelon que le bien de la ſociété demande qu'il la retienne ou qu'il s'en dépouille : doctrine conforme aux lumières de la raiſon enseignée par tous les publiciſtes, conſacrée par l'uſage de tous les peuples ; & ſi Rouſſeau l'a contredite dans ſon *Contrat ſocial*, il en a reconnu la vérité dans *ſes Lettres de la Montagne*. Il a reconnu que, dans les démocraties, le pouvoir ſouverain appartient au peuple, mais appartient au Roi dans les monarchies, & que le gouvernement, distinct de la souveraineté dans les unes, est confondu avec elle dans les autres (1).

---

(1) Voici ce passage, que j'ai omis de citer dans le second livre. Il est tiré *de la cinquième lettre de la Montagne, page 137, de l'édition de 1772.*

« Le mot de *gouvernement* n'a pas le même sens » dans tous pays, parce que la constitution des » Etats n'est pas par-tout la même.

» Dans la monarchie, *ou la puissance exécutive* » *est jointe à l'exercice de la souveraineté*, le gou- » vernement *n'est autre chose que le souverain lui-* » *même, agissant par ses ministres, par son con-* » *seil, ou par des corps qui dépendent absolu-* » *ment de sa volonté.* Dans les républiques, sur-tout » dans les démocraties, ou le souverain n'agit ja- » mais immédiatement par lui-même, c'est autre » chose. *Le gouvernement n'est* ALORS *que la puis-* » *sance exécutive, et il est absolument distinct de* » *la souveraineté* ».

Ces deux phrases *des Lettres de la Montagne*, détruisent toute la théorie *du Contrat social*; et si Rousseau revenoit sur la terre, sans doute il ne prendroit pas pour une constitution monarchique, celle que l'Assemblée Nationale vient de décréter.

Peut-être aussi riroit-il de ce fameux décret qui, après avoir prononcé que la souveraineté *est une*,

Troisième principe: Il se fait un contrat réciproque, un contrat inviolable entre la nation qui transmet la souveraineté, & le monarque

---

indivisible, inaliénable et imprescriptible, ajoute que tous les pouvoirs, émanent de la nation, *et qu'elle ne peut les exercer que par délégation.*

1°. C'est reconnoître que la loi n'est point *l'expression de la volonté générale.* En effet il est impossible que le législateur délégué exerce une autre volonté que sa volonté particulière. Il peut bien dire ce que la nation doit vouloir: mais il ne peut exprimer que ce qu'il veut lui-même. *La volonté ne se représente point*, dit Rousseau. La loi n'est donc, selon ce décret, que l'expression de la volonté du corps ou de l'individu à qui le pouvoir législatif a été transmis; et c'en est assez pour sapper par le fondement le code politique de l'Assemblée Nationale.

2°. C'est tomber dans une contradiction manifeste. Si la nation doit déléguer tous les pouvoirs qui constituent la souveraineté elle doit donc déléguer aussi sa souveraineté elle-même, à moins qu'on ne trouve une différence entre le tout et les parties qui le composent. Or si la souveraineté doit être déléguée, elle n'est donc pas inaliénable. Déléguer la souveraineté, n'est-ce pas la transmettre? La transmettre n'est-ce pas l'aliéner?

3°. C'est du moins réduire une question de la plus haute importance, à une misérable dispute de mots. En effet, les pouvoirs peuvent être délégués ou le sénat qui la reçoivent. Sans cela, aucun engagement ne lieroit les sujets envers le souverain, ni le souverain envers les sujets. Les

---

à plusieurs personnes ou à une seule, pour un temps limité ou indéfini, par la voie de l'élection ou de l'hérédité. Mais que la Nation donne à son Roi la souveraineté même, ou qu'elle lui délègue à titre perpétuel, irrévocable, héréditaire, tous les pouvoirs qui en dépendent, qu'importe? Dans l'un et l'autre cas, le Roi n'aura-t-il pas la même autorité? Ne sera-t-il pas également souverain?

4°. C'est se jouer de la stupide crédulité du peuple. Que fera-t-il en effet, de cette souveraineté dont l'usage lui est interdit, qui toujours doit être exercée par un sénat ou par un monarque, qui n'est enfin qu'un vain nom? Tous les deux ans, dit-on, il choisira ses représentans. Mais une souveraineté qui se réduit à l'obligation de changer souvent de despotes, tient de fort près à la servitude. D'ailleurs, s'il plaît au peuple d'avoir un représentant unique, jouissant de tous les pouvoirs, inamovible et héréditaire, il cessera donc alors d'être souverain, parce qu'il n'aura plus de représentans à élire. C'est-à-dire, en dernière analyse, que la souveraineté du peuple consiste dans le droit de la conserver ou de la transmettre; et la question est de savoir, comme je l'ai déjà observé (liv. 2, ch. 9), lequel des deux vaut le mieux pour lui, ou d'un seul Roi, dont l'autorité soit perpétuelle, mais uns pourroient, à leur gré, secouer le joug de l'obéissance : l'autre pourroit devenir tyran, sans être coupable ; et lorsqu'on nie l'existence de cette convention sacrée, dont les monumens de l'histoire offrent tant d'exemples (1), on favorise nécessairement, ou le despotisme, à l'exemple d'Hobbes, ou l'anarchie, à l'exemple de Rousseau (2).

C'est elle d'ailleurs, qui fixe des bornes à l'autorité souveraine, par les lois fondamentales qu'elle prescrit : c'est elle qui défend les droits de la propriété & la liberté des personnes contre les attaques du pouvoir arbitraire. C'est elle qui détermine les prérogatives que la Nation entend se réserver, & les droits dont ses représentans devront jouir. Les écrivains qui la combattent, sont les vrais enne-

---

contenue par de bonnes lois fondamentales, ou d'une troupe de dictateurs temporaires, mais absolus. Ce qui se passe en France, depuis 1789, facilite beaucoup la solution de ce problême.

(1) L'auteur des maximes du droit public de France, en rapporte un très-grand nombre dans plusieurs endroits de son ouvrage.

(2) Je ne parle que du *Contrat social*, le seul des ouvrages de Rousseau, où cette pernicieuse erreur soit enseignée.

mis du peuple : car c'est sur-tout en faveur du peuple qu'elle est stipulée.

Si les représentans de la Nation Françoise eussent respecté ces maximes, qui sont le fondement & l'appui des sociétés civiles & du gouvernement ; si, fidèles aux instructions qu'ils avoient reçues, au serment qu'ils avoient prêté, ils eussent rempli la mission confiée à leur sagesse, combien d'actions de grace la France auroit à leur rendre ? On verroit le royaume replacé sur les bases qui si long-temps l'ont supporté avec gloire, la puissance royale renfermée dans les limites qui la contenoient autrefois, l'ordre rétabli dans les finances, les emplois donnés au mérite, l'impôt également reparti, & le peuple soulagé. On verroit des réformes douces & salutaires, faites dans le clergé, sans que l'église eût rien perdu de ses droits ; dans la magistrature, sans que la justice eût rien perdu de sa dignité ; dans les troupes, sans que l'armée eût rien perdu de sa discipline ; dans le gouvernement enfin, sans que la force publique eût rien perdu de sa vigueur. On verroit tous les citoyens, de toutes les classes, jouissant, à l'abri des lois, de la sûreté de leurs personnes, de la propriété de leurs biens, de toute l'égalité, de toute la liberté qui peuvent se concilier avec l'ordre politique. Enfin, notre antique & sage constitution, délivrée des abus que le temps avoit produits, & gravée à jamais sur des tables d'airain, auroit rendu à la France le bonheur & la gloire qu'elle y répandit, lorsque Charlemagne la tira de l'oubli ou elle étoit tombée. Oh ! que le bien étoit facile à faire ! Tous les ordres de l'Etat sentoient le besoin d'une prompte & grande réforme. Le clergé & la noblesse y prêtoient les mains de concert. Le Roi ne soupiroit qu'après le bonheur du peuple. L'extirpation des abus, & la régénération du royaume pouvoient s'opérer sans troubles, & même sans obstacles.

Mais pour avoir méconnu, ou foulé aux pieds ces premières règles du droit politique; pour avoir annullé les clauses impératives de leurs mandats, & rompu les liens du plus auguste des sermens; pour s'être érigée *en Assemblée constituante*, sans oser toutefois le décréter ouvertement, tandis que la Nation & le Roi les avoit constitués *en Etats-généraux*, conformément aux lois de la monarchie; pour avoir voulu créer une nouvelle constitution, tandis que leur mission se bornoit à rétablir la constitution ancienne; pour avoir détruit l'organisation primitive du corps social, & traité le peuple Français comme une horde de Sauvages sortie du fonds des bois; pour avoir eu la manie philosophique de signaler leur puissance par la destruction, de s'environner de ruines, & de dicter leurs lois, assis sur des tas de décombres; pour s'être fait une étude de renverser tous les appuis du trône, d'en effacer l'éclat & de mettre les rênes du gouvernement dans les mains de la multitude, incapable de les tenir; pour s'être livrés à une haine aveugle contre un clergé, le premier de l'Univers, par la pureté de sa doctrine & l'étendue de ses lumières, contre une classe de citoyens qui a fondé la monarchie, qui l'a maintenue si long-temps, qui l'a sauvée plus d'une fois (1), contre des corps

(1) Il seroit facile de prouver, contre M. l'abbé Dubos, que la noblesse existoit parmi les Francs et les Gaulois, déjà même avant que Pharamond eût passé le Rhin; et contre M. l'abbé de Mably, que cette noblesse étoit, non-seulement personnelle, mais héréditaire. De cette preuve, commencée par M. de Montesqieu, il résulteroit que l'ordre de la noblesse, tenant par des liens indissolubles a l'organisation primitive de la nation Françoise, ne pouvoit en être séparé sans une infraction manifeste du Contrat Social.

de magistrature qui, pour défendre la cause du peuple, n'ont jamais craint de compromettre leur repos, leur fortune & leur vie; pour avoir préféré les paradoxes des novateurs aux dogmes éternels de la raison, & des spéculations trompeuses à l'expérience des siècles; pour avoir poursuivi follement la chimère d'une égalité absolue, conçu de la liberté une opinion fausse, & porté son amour jusqu'au fanatisme; enfin, pour s'être investi de la souveraineté qui, si elle étoit inaliénable, appartiendroit à la Nation, mais qui appartenoit à Louis XVI, comme ayant été transmise à Pharamond, à Charles-Martel, à Hugues-Capet; combien de maux ils ont accumulé sur leur patrie, en se proposant de la rendre heureuse?

La discipline que l'église avoit établie pour son gouvernement spirituel, pour la conduite des ames, pour l'exercice du culte divin, a été remplacée par un code, tel que la puissance séculière n'en conçut jamais, & qui a plongé la France dans les horreurs du schisme, fait verser à notre religion sainte, des larmes de sang, ouvert à la persécution une carrière illimitée.

Le corps politique des François a été dissout, au mépris du Contrat Social qui l'avoit formé ; & l'on ne trouve à sa place que des individus sans organisation & sans lien, qui ne tenant à leur chef par aucun corps, par aucun ordre intermédiaire, verront se perdre dans l'immense intervalle qui le sépare de lui, l'autorité tutélaire qu'il doit exercer sur eux.

Les provinces, dont la plupart avoient des priviléges acquis par des traités, ou réservés par des donations, sont divisées en une multitude de petites républiques, égales en droits comme en étendue, indépendantes les unes des autres, chargées exclusivement de se régir ; mais qui n'étant point poussées vers un centre commun par une force commune, suivront dans leurs mouvemens des lignes divergeantes, s'isoleront pour ne s'occuper que de leurs intérêts propres, se traiteront mutuellement comme étrangères, peut-être comme ennemies.

Sur les débris de l'ancien gouvernement, sont placés ;

Un Roi, sans autorité, qui n'est dans la constitution, que pour l'accepter, ou déposer les tristes restes de sa couronne ; dans la législation, que pour exercer la ridicule faculté de faire des remontrances ; dans le pouvoir exécutif, que pour envoyer à leur destination les ordres qu'on lui transmet ; dans le pouvoir judiciaire, que pour délivrer aux juges des patentes dont on lui a tracé le modèle; dans le pouvoir administratif, que pour suspendre les administrateurs par des ordonnances provisoires, qu'il n'osera pas rendre, & qu'une autorité supérieure auroit le droit de révoquer; dans la partie de l'imposition & des finances, que pour toucher le paiement de sa liste civile; dans la défense de l'Etat, que pour avertir les souverains législateurs de songer à la guerre; dans les relations extérieures, que pour leur présenter des projets de traités d'alliances; qui, en un mot, sous le vrai titre de Roi, n'est que le premier lieutenant de l'Assemblée Nationale, & bien au-dessous du doge de Venise.

Des ministres, sans moyens, & d'ailleurs enchaînés par tant de décrets, menacés par tant de peines, entourés de tant de périls, que s'ils avoient le pouvoir d'agir, ils n'en auroient pas la liberté, & que s'ils en avoient la liberté, ils n'en auroient pas le courage.

Des élections multipliées jusqu'à devenir dérisoires (1), qui soumettent toutes les

(1) Elections des électeurs, élections des législateurs, élections des administrateus, élections des

parties

parties de l'autorité à l'autorité de la multitude; qui se renouvellant sans cesse, relâche tous les ressorts du gouvernement; qui donnent à l'intrigue & à la corruption, des armes pour triompher du mérite & de la vertu; qui éleveront aux emplois, non pas les plus dignes, mais les plus intrigans.

Les membres innombrables de 83 départemens, de 498 districts, de 44,000 municipalités, qui, mobiles comme l'onde & rapidement remplacés, arrivent au terme de leurs fonctions, sans avoir eu le temps de s'en rendre capables; à qui cependant on a confié la direction de la force publique, qui ne peut se mouvoir que sur leur réquisition, & doit s'arrêter à leurs ordres; l'administration de l'état qu'ils ne savent pas conduire, ou qu'ils conduisent arbitrairement; l'exécution des lois qu'ils ne savent pas entendre, ou qu'ils entendent à leur gré: l'intérêt commun de l'état, que

---

juges, élections des municipaux, élections des officiers de la garde nationale, élections des membres du tribunal de cassation, élections des évêques, élections des curés.... Le temps que cette foule d'élections fera perdre, est le moindre des maux qu'elles doivent produire.

chacun d'eux voit tout entier dans son département, ou même dans son canton.

Des tribunaux de justice, composés de cinq juges; égaux tout à la fois & supérieurs les uns des autres; perpétuellement en butte à l'audace, parce qu'ils n'ont aucuns moyens pour faire respecter ni les lois, ni eux-même; & dont les officiers, s'ils désirent conserver leurs appointemens, plus de six années, devront former leur conscience sur les passions du parti dominant dans le peuple.

Deux armées, l'une de soldats, l'autre de citoyens. Liées par leur serment à trois êtres distincts; autorisées, par cela même, à raisonner sur les ordres qu'elles reçoivent; portant dans leur sein une semence de rivalité & de jalousie; propres à inspirer la crainte, plutôt que la sécurité, & à rendre l'autorité pusillanime, bien plus qu'à lui donner de l'énergie.

Un sénat permanent, revêtu d'une autorité sans bornes, affranchi de tout obstacle, tenant dans ses mains tous les pouvoirs ensemble; pouvant, au gré de ses caprices, établir ou renverser, édifier ou démolir; réunissant tous les traits qui caractérisent un despote.

Des clubs que l'enfer semble avoir vomis; qui sont composés de tout ce que la France a d'hommes ignorans, grossiers, furieux; qui décident impérieusement toutes les questions politiques, sans avoir les premières notions de cette science; qui n'accueillent que les motions forcenées & sanguinaires; qui épouvantent, par leur férocité, toutes les classes de citoyens; qui intiment des ordres aux administrateurs, aux juges, aux ministres de l'église, à l'assemblée nationale elle-même; qui perpétueront le désordre & l'anarchie, tant qu'ils ne seront pas anéantis.

Aussi, quel effrayant tableau la France offre-t-elle depuis deux ans? On y voit l'insurrection dans le peuple, l'indiscipline dans les troupes, les proscriptions, le pillage, les incendies, les massacres dans toutes les parties de l'empire. On y voit l'égalité servir de prétexte à l'insubordination; la licence règner effrontément sous le masque de la liberté; le patriotisme, confondu avec la fureur, légitimer les excès les plus inouis; toutes les têtes courbées sous le joug du despotisme populaire; l'homme sage, qui ne veut être ni persécuteur ni persécuté, réduit à quitter une terre barbare, d'où la justice & la modération se sont bannies. On y voit le numéraire disparoître, la confiance fuir au loin, les impôts doublés & ne se payant pas, l'agriculture languissante, les arts & le commerce ruinés, le delâbrement des finances accru à un tel excès, que bientôt il sera sans remède. On y voit le crime triomphant lever audacieusement la tête, tandis que tout homme de bien passe pour un citoyen pervers ; que tout sujet attaché à son prince, est traité comme ennemi de la patrie ; que tout pasteur fidèle au culte de ses pères, est poursuivi comme rebelle ; on croiroit que l'amour de l'ordre, l'amour du Roi, l'amour de la religion sont les seuls crimes dignes d'être punis.....

Je supprime les outrages dont le Roi & son auguste famille ont été accablés : mon sang se glace, quand de telles horreurs viennent frapper mon esprit ; la plume tombe de mes mains, quand j'entreprends de les décrire. O! le meilleur & le plus infortuné des Rois, quel est donc ton crime, si ce n'est d'avoir voulu rendre à la nation les droits qu'elle avoit perdus, & mériter, par ta bienfaisance, le titre glorieux *d'ami du peuple?*

Qu'on ne pense pas que tant de calamités soient l'effet inévitable des révolutions ; elles ſont le fruit amer des pernicieuſes maximes que l'on a répandues, du mauvais gouvernement que l'on a établi.

Toutes les fois que l'on dira inconſidérément aux hommes, *vous êtes égaux & libres*, il faut s'attendre à voir les liens de la ſubordination ſe diſſoudre, & les droits de la propriété s'anéantir. Toutes les fois qu'on rompra les digues qui contiennent la multitude, elle ſera telle qu'un torrent débordé; & quand on n'aura, pour la ramener au devoir, que des mots vuides de ſens & une métaphiſique obſcure, on ne l'y ramènera pas. Toutes les fois que le peuple pourra regarder comme ſes créatures, ceux qui lui commandent, il croira avoir acquis le droit de leur déſobéir. Toutes les fois qu'un état ſera couvert d'hommes armés, il ſera en proie aux troubles & à la licence, au déſordre & à la confuſion.

Avec des tribunaux ſans force & ſans majeſté, la juſtice peut-elle être bien rendue? Avec des adminiſtrateurs qui n'ont point de conſiſtance, point de centre d'unité, la choſe publique peut-elle être bien régie? Avec des légiſlateurs dont la puiſſance n'auroit aucun frein, s'ils n'étoient pas ſoumis à l'influence des factions & dominés par la populace, les lois peuvent-elles être bien faites ? Avee un changement continuel des personnes en places, les places peuvent-elles être bien remplies ? Avec un pouvoir exécutif, lâche pour être trop divisé, timide pour être trop dépendant, engourdi sous les chaînes dont il est accablé ; comment le bon ordre pourroit-il se maintenir avec l'établissement d'une milice qui tire chaque jour le laboureur de sa charrue, l'artisan de son attelier, le commerçant de son comptoir, l'homme d'étude de son cabinet, comment l'agriculture & le commerce, les sciences & les arts, pourroient-ils prospérer ? Avec une armée imbue, ou plutôt infectée de principes démocratiques, & plus savante dans la théorie des droits de l'homme, que dans la connoissance des devoirs du soldats, comment la force publique pourroit-elle conserver son activité ? Et comment enfin, un vaste empire seroit-il sagement gouverné, quand c'est la multitude qui le gouverne ?

Veut-on tirer la France de l'abîme où elle est descendue : qu'on se hâte de rétablir le gouvernement monarchique, non pas tel qu'il étoit avant 1788, plein de vices & d'abus, mais tel qu'il doit être ſelon les anciennes lois de l'Etat; tel qu'il ſeroit, ſi les repréſentans de la nation avoient ſuivi les ordres qu'elle leur avoit donnés. Qu'on ſe hâte ſur-tout de rallumer dans le cœur des Français cet amour pour leurs rois, qui les a toujours diſtingués parmi les autres peuples, qui étoit la ſource de toutes leurs vertus publiques, qui remédioit à leur indifférence pour la patrie, qui étoit pour eux un guide bien plus sûr que les vaines déclamations de leurs philoſophes. Alors, le peuple ſera libre, parce qu'il n'obéira qu'à des lois conſenties par ſes repréſentans, & ne payera que des impôts qu'ils auront accordés. Alors, les lois ſeront mûrement réfléchies, loin du tumulte des paſſions, à l'abri des illuſions, de l'amour-propre, des efferveſcences populaires, de l'eſprit de ſyſtême & de parti; & le monarque convaincu que de mauvaiſes lois ſeroient rebutées, n'en propoſera que de bonnes. Alors le pouvoir exécutif également libre & prompt dans ſes mouvemens, aura toute l'énergie néceſſaire pour faire reſpecter les lois, ſans en avoir aſſez pour opprimer la liberté publique, & à la faveur de ſa protection bienfaiſante, la confiance & le crédit reviendront vivifier l'Etat; les citoyens vivront en sûreté dans leurs foyers, recueilleront sans trouble le fruit de leurs travaux; jouiront de leurs droits sans en abuser, chériront la patrie dans la personne du Roi qui en est le père, & béniront la Providence d'avoir ramené parmi eux la justice, la paix & le bonheur.

Fin du Sixième & dernier Livre.

A PARIS. De l'Imp. de la FEUILLE DU JOUR, rue de Bondi, N°. 74.

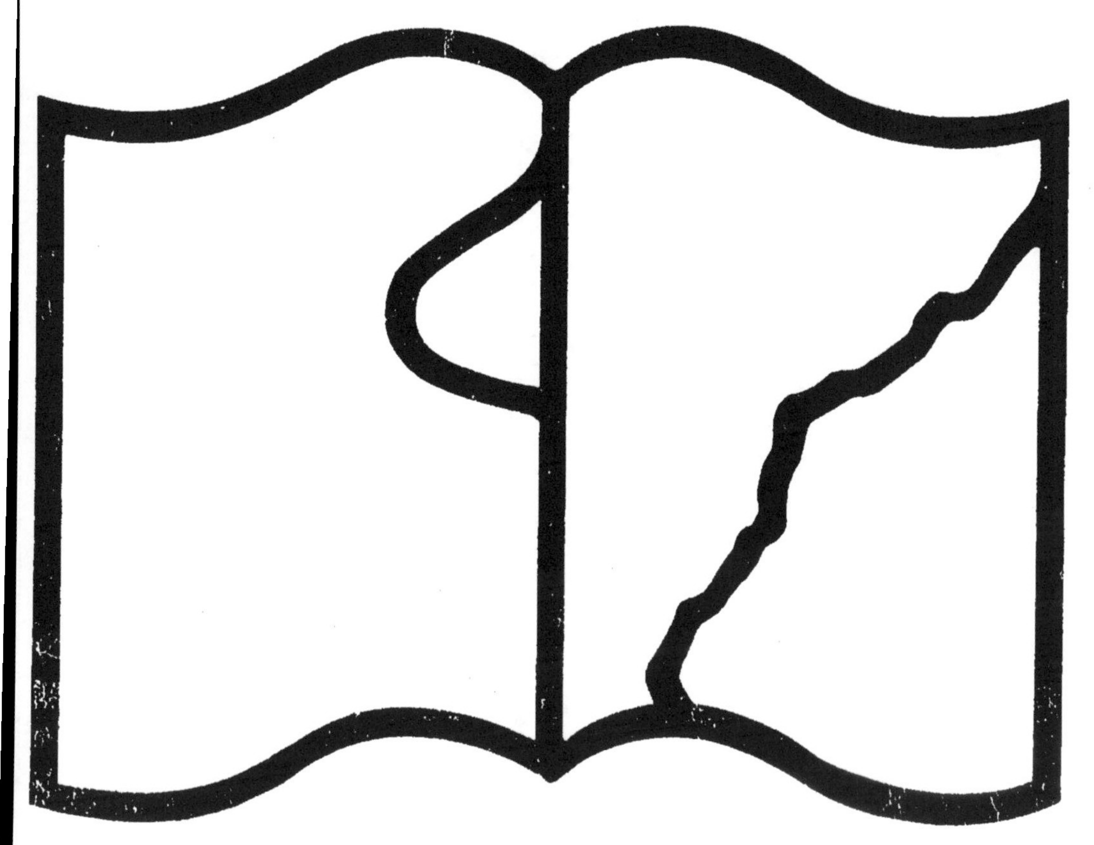

Texte détérioré — reliure défectueuse

NF Z 43-120-11

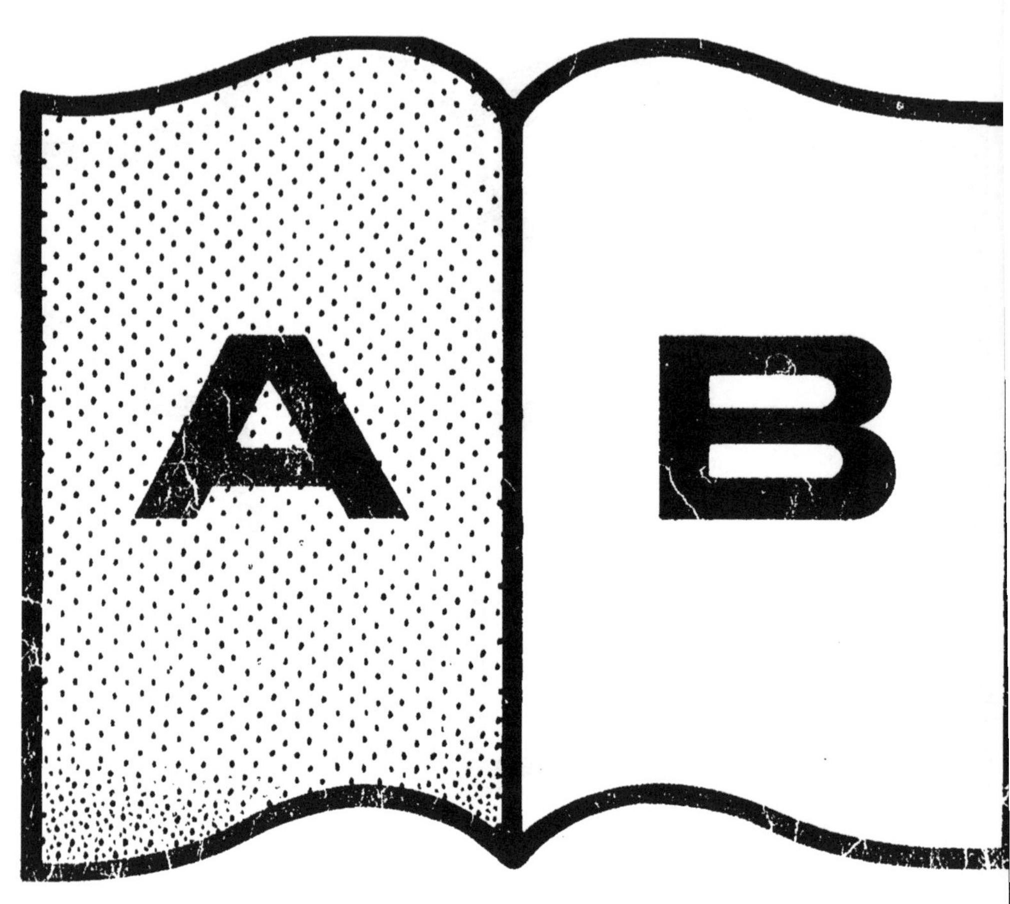
A
B

www.ingramcontent.com/pod-product-compliance
Ingram Content Group UK Ltd.
Pitfield, Milton Keynes, MK11 3LW, UK
UKHW020111200726
13856UKWH00002B/484